DESAFÍOS INDUSTRIALES DE MÉXICO: ESTUDIOS SECTORIALES

DESAFÍOS INDUSTRIALES DE MÉXICO: ESTUDIOS SECTORIALES

- - - - - - - - - - - - - - - - -

COORDINADORES:
Omar Neme Castillo
Ana Lilia Valderrama Santibáñez
Humberto Ríos Bolívar

Número de Control de la Biblioteca del Congreso de EE. UU.: 2015921269
ISBN: Tapa Dura   978-1-5065-1087-3
               Tapa Blanda   978-1-5065-1086-6
               Libro Electrónico   978-1-5065-1085-9

Información de la imprenta disponible en la última página.

Fecha de revisión: 26/02/2016

Para realizar pedidos de este libro, contacte con:
Palibrio
1663 Liberty Drive
Suite 200
Bloomington, IN 47403
Gratis desde EE. UU. al 877.407.5847
Gratis desde México al 01.800.288.2243
Gratis desde España al 900.866.949
Desde otro país al +1.812.671.9757
Fax: 01.812.355.1576
ventas@palibrio.com
722531

ÍNDICE

INTRODUCCIÓN

Omar Neme, Ana Lilia Valderrama y Humberto Ríos

El sector industrial desempeña al menos cuatro papeles fundamentales para la actividad económica de los países. Primero, absorber una cantidad importante de mano de obra, independientemente del grado de calificación. Segundo, producir bienes (y servicios), de consumo final o intermedio, en las cantidades, calidades y precios competitivos para servir las demandas de los hogares y firmas, lo que resulta esencial para incrementar los estándares de vida. Tercero, proveer de nuevas inversiones que aumentan la capacidad de producción, reasignan recursos de manera más eficiente y modifican la estructura productiva, a su interior pero vinculado con otros sectores, como las telecomunicaciones, financiero, comercio al mayoreo y menudeo, etc.; convirtiéndose así, en un elemento clave para el crecimiento económico. Por último, es fuente principal de nuevas ideas, conocimientos, procesos, productos y tecnologías que impactan en la dinámica social y económica de los países, que se introducen a los mercados nacionales e internacionales e impactan en las trayectorias tecnológicas de toda la economía.

Así, los procesos de industrialización implican difusión de tecnología, mejoras en la productividad, eliminan barreras estructurales que frenan el crecimiento económico y favorecen la calidad de vida. También contribuyen a la integración de la economía doméstica a la actividad internacional, generando flujos de capitales y de comercio, que se reflejan en la balanza externa.

La importancia de la industria en México

En México, la industria representa una parte crítica para la actividad económica. Continúa generando mayor valor agregado por establecimiento o por persona que cualquier otro sector. En el primer caso, representa 3.7 veces el valor para los servicios y 1.2 veces en el segundo indicador. Asimismo, el valor agregado en la industria representa poco más del 30% para toda la economía. La dinámica de la producción industrial se refleja en el comportamiento del PIB al mostrar sincronización de ciclos. Además, el PIB total responde en mayor magnitud a los cambios en la producción industrial que a los cambios en la producción de servicios (las elasticidades son 1.4 y .85%, respectivamente).

Tres de cada diez puestos de trabajo formales se generan directamente en este sector. Los precios de los productos manufactureros muestran un comportamiento relativamente constante desde 2005 (el índice de precios al productor fue en 2011 apenas 35% mayor al 2005) debido al crecimiento de la productividad del sector (siete por ciento de 2000 al 2009), contribuyendo al combate de la inflación, con un resultado benéfico para los consumidores mexicanos.

Aún más, el sector manufacturero continúa pagando salarios promedio más altos que cualquier otra actividad, aproximadamente diez por ciento mayores al salario en el sector servicios. La industria es la actividad más conectada con el comercio internacional; poco más del 95% del intercambio total se genera en este sector, y nueve de cada diez dólares exportados son de bienes manufacturados.

Asimismo, desde una visión histórica, es el destino favorito de las inversiones extranjeras. Para el periodo 2000-2010, el 48 por ciento de la IED acumulada se realiza en el sector industrial. Representa también una actividad con potencial de desarrollo para PyMES nacionales; si se excluye el sector comercio, seis de cada diez PyMES son manufactureras o se vincula directamente con este sector.

El sector industrial es el más intensivo en tecnología e innovaciones, lo que se refleja en el gasto en investigación y desarrollo acumulado. Para 2000-2007, el stock de I+D industrial es 180 por ciento mayor respecto al registrado en servicios. Del mismo modo, las importaciones de bienes de capital de la industria son casi cinco veces mayores que las compras del sector servicios. En este sentido, dada la mayor sofisticación tecnológica y de procesos, la industria mexicana demanda un alto porcentaje de mano de obra calificada. Finalmente, el desempeño económico en este sector se vincula considerablemente con otros sectores; el 18% de la demanda intermedia industrial proviene de los otros dos sectores y el 22% de su producción se coloca en servicios y agricultura.

Por los aspectos enlistados no de forma exhaustiva, la industria manufacturera mexicana desempeña un papel vital para el futuro económico y social del país. Identificar entonces, los desafíos que enfrentan de forma individual, es de gran relevancia para el diseño de mejores estrategias que permitan mejorar la competitividad de éstas y potenciar los alcances hacia la sociedad.

Desafíos específicos para la política industrial

A lo largo de las diferentes contribuciones de esta serie Desafíos Industriales de México, parece existir un consenso respecto al reto que enfrenta el sector industrial en México por lo que se señala la prioridad de fomentar capacidades tecnológicas, productivas, financieras, empresariales, entre otros, como base para el desarrollo industrial sostenido, en un contexto de mayor competencia global. Sin estas capacidades, las oportunidades para la industria y el país se cerrarían aún más, ampliando la brecha con los países industrializados y afectando el nivel de desarrollo.

Así, en el tomo I se establecieron algunos desafíos actuales para la industria manufacturera mexicana. Principalmente se identificó una amenaza competitiva para las exportaciones en el mercado de Estados Unidos, así como necesidades relativas a incrementar las capacidades de las pequeñas y medianas empresas para poder exportar, preparar a las pequeñas empresas para el proceso de innovación, cambiar la visión respecto al conocimiento e innovación como herramientas para propiciar el desarrollo industrial, identificar el proceso de imitación de las firmas y consumidores, alcanzar una estructura óptima de deuda para competir y modificar el patrón exportador maquilador. Estos retos representan elementos de una nueva política industrial.

En general, los desafíos identificados perecen ser comunes a las diferentes ramas y subramas de la producción manufacturera; sin embargo, la naturaleza propia de cada una, nos lleva a cuestionar si es necesario identificar desafíos específicos en sectores de alta importancia para la economía nacional. La intención de este segundo tomo es precisamente mostrar cómo la individualidad de cada industria se asocia con un desafío y un camino de solución distinto.

De este modo, el propósito de este tomo es identificar las problemáticas principales que se presentan, al mismo tiempo, como una oportunidad para distintas industrias en el país. Lejos de pretender crear una política industrial específica para cada rama de la producción, con las contribuciones individuales incluidas en este tomo se espera crear la inquietud a investigadores vinculados con el tema, para analizar a la industria mexicana con más detalle; esto con el fin de encontrar diferentes respuestas a los desafíos que se plantean.

La estructura del libro

Este tomo se estructura en siete capítulos. En el primero, *Sánchez* estudia la industria energética dada su trascendencia para la actividad productiva por ser la energía un recurso económico indispensable, a tal grado que su abasto puede considerarse un elemento de seguridad nacional. La autora, considera que como consecuencia del nuevo paradigma de la economía, el sector energético se encuentra en medio de un acelerado proceso de cambio en aspectos como: estructura del sector y la industria, en los sistemas de propiedad, en los mercados, en los actores y en su comportamiento. Ante ello, señala, México ha establecido estrategias para fortalecer su industria energética, tanto en el ramo de la explotación petrolera en aguas profundas, como en la diversificación de la industria mediante otras formas de obtención de energía. De este modo percibe el fuerte desafío que esto representa y enlista las estrategias que se están implementando para enfrentarlo con éxito. En particular, señala que la geografía diversa del país, se potencializan las posibilidades de generación de nuevas fuentes de energía alternativa congruentes con la dotación de recursos de cada región.

En el capítulo dos, *González*, explica por qué el modelo exportador no pudo convertirse en un motor del crecimiento económico. Siguiendo a la autora, este modelo, tal como se adoptó, lleva implícito el control de las corporaciones internacionales del crecimiento industrial, particularmente en industrias como la automotriz y aparatos eléctricos y electrónicos, en las que enfoca el estudio. Resalta que los efectos han sido desastrosos, por ejemplo, escaso crecimiento del mercado interno, desindustrialización de varias ramas manufactureras, producción especializada en unos cuantos bienes de exportación, rompimiento de cadenas productivas, etc. Concluye que la reconstrucción del aparato industrial llevará décadas, por eso debe elaborarse una política que esté basada en tres ejes principales: recuperación de funciones económicas del Estado; reorientación de la política industrial al desarrollo de industrias de alta tecnología; y empleo de medidas de corte proteccionista cuando las condiciones lo demanden. En particular, considera que un aspecto clave para que las maquiladoras extranjeras realmente contribuyan al crecimiento industrial nacional es cambiar el modelo de desarrollo, lo que implicaría, entre otros aspectos, llevar a cabo una política de integración de cadena de proveedores nacionales capaces de surtir a las empresas extranjeras.

Corrales, en el capítulo tres, señala la creciente presencia China en los países de América Latina, lo que se percibe como un proceso de desindustrialización, debido a la pérdida de competitividad y de mercados en la región. En el análisis se concentra en los efectos sobre la industria siderúrgica mexicana. Señala que a partir de la liberalización en la década de los ochenta, la industria siderúrgica mexicana no ha alcanzado altas tasas de crecimiento y no ha podido recomponer su balanza comercial. La reestructuración y modernización para enfrentar la competencia comercial la han obligado a invertir cuantiosas sumas, considerando que desde la década pasada, la industria china desplazó a México como proveedor de productos de acero en Estados Unidos. Además, identifica los productos que más han crecido y caído antes y después de la crisis financiera global. Basado en la capacidad productiva y exportadora de esta industria, y al compararla con la China, determina que la única ventaja absoluta mexicana es la distancia, es decir, los costos de transporte.

El cuarto capítulo, de *Rodríguez, Cortés* y *Neme*, consideran un aspecto fundamental del comercio internacional como es la inversión extranjera directa como generadora de encadenamientos productivos en la industria automotriz. En concreto, pretenden establecer si esta inversión, que se materializa en el establecimiento de filiales de empresas extranjeras, en el subsector de ensamble establece vínculos con el subsector de clases de autopartes para determinar el efecto económico en términos de producción, ventas, empleo e incluso inversión en este último. Los autores concluyen que esta inversión foránea en ensamble tiene débil influencia en la creación de encadenamientos, puesto que la organización mundial de la industria automotriz presenta limitadas oportunidades para la incorporación de las empresas domésticas de autopartes. En consecuencia, señalan la necesidad de desarrollar estrategias de largo plazo que fomenten la competitividad del subsector de autopartes, coordinadamente con el gobierno, empresas automotrices y sector académico; en especial, proponen emplear los decretos gubernamentales para alcanzar dicho objetivo.

El tema de la innovación tecnológica en la industria manufacturera desde el enfoque regional se trata en el quinto capítulo, donde *Ríos y Marroquín*, señalan que en los últimos años ha aumentado el interés por el análisis económico del proceso de innovación tecnológica y la incidencia de éste sobre los componentes del crecimiento económico. Los autores analizan el papel de la innovación tecnológica y sus componentes en el proceso de crecimiento económico del sector manufacturero en México. Para ello, utilizan un modelo que involucra una función del cambio tecnológico y una de producción para determinar el nivel de interacción entre variables de la innovación tecnológica y el crecimiento económico. En el análisis empírico emplean una metodología de datos panel, donde los resultados muestran que la generación de innovaciones tecnológicas genera un efecto positivo en el crecimiento del PIB per cápita. Sin embargo, no encuentran evidencia que la innovación este conduciendo a un aumento permanente en el crecimiento económico.

Aguilar, Rivera y Marcelino, estudian la estructura competitiva del sector industrial de la mensajería y paquetería en el capítulo seis. Señalan que durante las últimas décadas la economía mexicana ha enfrentado una serie de retos económicos que se han hecho más visibles a partir de las últimas crisis económicas, motivando la búsqueda del incremento de la productividad y competitividad de los sectores industriales. A partir de lo anterior, establecen las pautas para diseñar estrategias competitivas en el sector industrial de mensajería y paquetería en México, con base en el análisis estructural de las ventajas competitivas en esta industria. Sugieren que el objetivo de la estrategia competitiva para una unidad de empresa en un sector industrial, como el de la mensajería y paquetería, consiste en encontrar una posición dentro de éste en la cual pueda defenderse mejor contra estas fuerzas competitivas o, incluso, inclinarlas a su favor.

Por último, *García* y *Valderrama* también emplean el análisis de las cinco fuerzas competitivas para demostrar la capacidad de competencia internacional de la industria de videojuegos con sede en México. Identifica grandes necesidades de mejora en las condiciones de los factores y en las industrias conexas, sobre todo relacionadas a la capacitación del personal para el diseño y producción de videojuegos como factores competitivos. En las condiciones de demanda encuentra resultados favorables y observan que los gustos y preferencias de los consumidores mexicanos por videojuegos son similares al de países desarrollados como Estados Unidos y Japón. No obstante, encuentran grandes necesidades de mejora en las condiciones de los factores y en las industrias conexas, sobre todo respecto a la capacitación del personal para el diseño y producción de videojuegos. Concluyen que el sector en el país aún está en una etapa muy joven como para que las condiciones de rivalidad se sientan explícitamente.

Palabras finales

El aspecto central que se trata de resaltar al identificar los distintos retos para el sector industrial mexicano, es la característica de no neutralidad que debería seguir la política industrial en el país. En sentido amplío la política industrial se divide en dos componentes: el vertical y el horizontal. En la práctica, bajo la tendencia generalmente aceptada en el mundo, la intervención gubernamental se ha limitado a establecer estímulos para el desarrollo económico desde el enfoque horizontal.

Desde la definición de Caves (1987), el sector público en México, debería intervenir en la economía para cambiar la distribución de los recursos entre sectores y actividades económicas para incrementar así la eficiencia. Para ello, pueden establecer no solo medidas horizontales, como lo ha hecho en las últimas décadas, sino incorporar instrumentos de carácter vertical. Así, las políticas horizontales dotan a toda la economía de infraestructura económica e institucional, actualizan e incrementan el stock de capital físico y humano y, crean, difunden y aplican el conocimiento, la tecnología y las innovaciones. Esto es, las medidas horizontales se centran en el fomento de determinadas actividades que promueven el desarrollo y crecimiento económicos sin buscar beneficiar exclusivamente a una industria, sector o empresa.

En contraste, Välilä (2006) considera tres argumentos que sustentan la política industrial vertical: existencia de externalidades espaciales, cambios en la renta desde la economía extranjera hacia la doméstica y cambios en la renta al interior de economía nacional. Por ende, esta política en principio reasigna toda clase de recursos a firmas y/o sectores específicos, por lo que afecta la rentabilidad de las industrias y agentes seleccionados. Al ser una política selectiva y discriminar el apoyo con la intención de crear fuertes competidores nacionales, frente a los extranjeros, pero con un relativo balance entre productores al interior, redistribuye tanto recursos como ingresos que benefician a los productores domésticos y, en consecuencia, a la economía nacional en conjunto.

Cabe señalar que existen medidas de cambio estructural en la industria, que se establecen a través de medidas de apoyo temporal a cierto sector o empresa en etapa decadente, con la intención de evitar un fuerte ajuste ante cambios en tecnologías o ventajas comparativas que podría contagiarse hacia el resto de las actividades económicas.

Así, si bien existe una distinción conceptual entre política industrial horizontal y vertical, en la práctica delinear una política industrial parece una tarea más complicada. Es decir, no es claro si deben establecerse medidas que en principio puedan impulsar por igual a todos los sectores o que beneficien primero a los sectores más fuertes. Más allá de esta discusión, las autoridades deben establecer una política industrial como mecanismo de impulso del crecimiento de la producción, empleo, inversiones e ingreso nacionales a través del incremento de la eficiencia económica en el país.

Además, la política industrial implica una nueva dimensión no sólo para el fomento industrial, sino para el desarrollo económico. Representa una poderosa herramienta para mejorar la redistribución del ingreso a nivel nacional. Pueden establecerse medidas no a favor de la eficiencia económica estrictamente, sino que permitan impulsar sectores o empresas con baja competitividad pero con gran alcance a nivel regional o social.

Finalmente, ya sea que se establezcan medidas horizontales, verticales o de cambio estructural, el sector industrial mexicano necesita de una verdadera política industrial activa. Las autoridades económicas prácticamente han dejado al mercado la tarea de la eficiencia económica, por lo que la limitada intervención estatal actual, que se centra en medidas horizontales, no ha cerrado la brecha en las capacidades reales respecto a las industrias y firmas de países industrializados y emergentes, por lo que cada vez resulta más difícil competir internacionalmente y en el propio mercado nacional. Los aspectos económicos agregados han sido clave de la estrategia económica de los últimos diez años justificando entonces una política horizontal. No obstante, parecería necesario considerar aspectos específicos a los sectores y firmas para explotar externalidades, pero también las potencialidades propias de éstos.

En concreto, las medidas de política industrial deberían incluir el robustecimiento de sectores industriales clave donde existan fuertes externalidades, promoción de actividades generados de valor agregado e ingreso, fomento de MPYMES, desarrollo de cultura emprendedora, incentivos a favor de la competitividad industrial y del conocimiento, y fortalecimiento de instituciones relacionadas.

CAPITULO I
Los desafíos de la industria energética en México

Julieta Evangelina Sánchez Cano
Profesora-Investigadora
Universidad Juárez del Estado de Durango
Investigadora Nacional-CONACYT (SNI Nivel I)

Introducción

La economía mexicana es altamente dependiente de los recursos obtenidos de su industria energética. No obstante, el informe anual de PEMEX (Petróleos Mexicanos) muestra que la extracción de petróleo continua disminuyendo (ubicándose en 2.5 millones de barriles diarios) y enfrenta grandes dificultades para su estabilización. Ante ello, México ha establecido estrategias para fortalecer su industria energética, tanto en el ramo de la explotación petrolera, como en la diversificación de la industria mediante otras formas de obtención de energía. La primera estrategia estima que el 58 por ciento de los recursos prospectivos se concentra en aguas profundas del Golfo de México y que éstos pueden convertirse en reservas a través de una actividad exploratoria exitosa, para ello contempla aumentar la probabilidad de éxito comercial, focalizando la exploración en áreas prioritarias. Estas exploraciones operarán a profundidades que van desde los 450 hasta 2,500 metros. Una estimación estadística de la tasa de éxitos en estas perforaciones sería de alrededor de 33 por ciento, es decir de 8 a 10 nuevos campos descubiertos y entre 20 y 24 fracasos. En la estrategia de diversificación de la matriz energética, se debe establecer un objetivo ambicioso de participación de fuentes renovables de energía, para ello se han hecho observaciones a la Secretaría de Energía que dicha meta debe ser del orden del 41 por ciento para 2020 y 75 por ciento para 2050, excluyendo las hidroeléctricas. Existe una carrera contra el tiempo y un gran reto para fortalecer la industria energética mexicana, tanto para aumentar la producción petrolera como para descubrir nuevas fuentes de energía. De esta forma, este capítulo tiene el objetivo de analizar la industria energética mexicana y la gran transformación que le acontece en este siglo XXI, tanto en la búsqueda de nuevas fuentes de energía provenientes de los hidrocarburos así como de energías renovables y el fuerte desafío que esto representa, las formas y estrategias que se están implementando para lograrlo, así como también se establecen propuestas de mejora para la industria.

La industria energética

La industria energética es trascendental para la actividad productiva en el mundo por ser la energía un recurso económico indispensable. En la actualidad, la mayor parte de la energía que el planeta emplea tiene como fuente principal recursos no renovables. Sin embargo, existen otras fuentes importantes de generación de energía (Armenta, 2009). Los energéticos, a nivel socio histórico han tenido desde siempre una importancia central para el desarrollo de toda sociedad, y conforme un país avanza en desarrollo, va incrementando sus necesidades energéticas, de tal forma que el abasto de energía es considerado una estrategia de seguridad nacional para muchos países, y México no es la excepción.

La seguridad energética nacional se define como los recursos naturales propios con los cuales se posibilite asegurar un ritmo estable de desarrollo económico y social sin tener que recurrir a fuentes externas para adquirirlos. Este elemento, los recursos naturales propios, su existencia y su buena gestión, son y serán claves en los próximos años y décadas para alcanzar la seguridad nacional en materia de alimentos, energía, desarrollo económico y medio ambiente (Dorantes, 2008). Por tal motivo la seguridad energética constituye en la actualidad uno de los temas centrales a nivel mundial, debido a que afecta de forma esencial a las economías y la política de seguridad de los Estados, ante ello, encontrar el equilibrio entre seguridad de suministro, impacto ambiental y precios es la clave de la política energética futura que entronca con otros objetivos como la solidez de la industria y las empresas nacionales.

La industria energética en México es un factor clave que incide estratégicamente en el desarrollo productivo y social del país y por lo tanto es transcendental para la economía mexicana. La economía mexicana es altamente dependiente de la producción de energía proveniente del petróleo, ya que PEMEX aporta casi el 10 por ciento del PIB del país y el 40 por ciento de los ingresos presupuestarios. Por lo tanto, el sector energético tiene una fuerte participación en las finanzas públicas, así como en el desarrollo de la infraestructura y capital humano, por lo que es de suma importancia que se tengan metas acertadas sobre su futuro en el mediano y largo plazos. En los últimos años, se han desarrollado importantes proyectos y políticas públicas que buscan consolidar estrategias para fortalecer al sector energético nacional que se encuentra en una etapa de grandes cambios y transformaciones.

La industria energética mexicana está sujeta a los acontecimientos en el terreno energético a nivel global por lo que consideramos de importancia enumerar dos de los hechos más significativos en del sector energético mundial:

1.- Los altos precios del petróleo, que han batido récords históricos en términos nominales y también en términos reales.

2.- El estancamiento caracterizado en el *ratio* reservas / producción de petróleo desde hace más de una década, debido a que desde hace varios años, se ha dado mayor la producción y menos descubrimientos. Y aunque los altos precios y la mejora tecnológica[1] favorecen del descubrimiento de nuevas reservas, las políticas de renacionalización del recurso y las restricciones medioambientales y a

---

[1]   Mexico se ve favorecido por los altos precios del barril de petróleo dado que es un productor importante en materia de hidrocarburos a nivel mundial, a mayor precio del barril de petróleo tiene oportunidad de obtener mejores ingresos por las ventas de éste. También las mejoras tecnológicas están favoreciendo la búsqueda de petróleo y se han tenido nuevos hallazgos petroleros, muy recientes.

la inversión extranjera lo desfavorecen. Por tanto, no resulta sencillo pronosticar la evolución del *ratio* (De Quinto, 2007).

Al resaltar la situación de México en cuanto a los puntos anteriores, por una parte México se ha beneficiado de los altos precios del petróleo dado que es un país productor. En el caso específico del petróleo, los últimos años han dado cuenta de un fenómeno marcado por la alta volatilidad de los precios; sin precedente alguno es el hecho de que el precio de esta materia prima tan importante haya rebasado los 100 dólares por barril en los últimos dos años. Una de las razones que explican dicha volatilidad radica en el comportamiento de la demanda, donde uno de los principales consumidores de este energético es China, quien ha mostrado altas tasas de crecimiento económico. Por otro lado, está la expectativa de un agotamiento eventual del energético aunado a una alta concentración de las reservas en el Oriente Medio. En cuanto a la mejora tecnológica, esta ha favorecido profundamente a México, y gracias a ello ha tenido tres descubrimientos de hicrocarburos, dos en aguas profundas pozo Trion -1 en la provincia de Perdido y Supremus - 1 cerca de Matamoros con ellos PEMEX estima incorporar reservas de hasta 125 Mil Millones de barriles de crudo equivalente (MMbce) y uno en tierra denominado Navegante -1[2], en Tabasco, con una reserva de hasta 500 millones de barriles de petróleo. crudo.

Asimismo, México, es un país con un estancamiento en el *ratio* reservas / producción de petróleo, debido a que desde hace varios años, México ha incrementado su producción sin tener más descubrimientos de nuevos pozos petroleros. La relación entre las reservas de producción (R/P) nos indica la medida relativa de los recursos disponibles en los diferentes países productores de petróleo. A las tasas actuales de producción, las reservas conocidas de petróleo crudo en países de la OPEP duraría entre 29 a 142 años, siendo Iraq el país que tiene la mayor proporción con 142 años, en segundo lugar esta Kuwait con 120 años y en tercer término, los Emiratos Árabes

---

[2]   PEMEX informo del descubrimiento de Trion – 1, el 27 de agosto, Supremus – 1 el 5 de octubre y Navegante - 1 el 25 de noviembre del 2012, todos en este mismo año.

Unidos con 107 años de disponibilidad R/P; México tiene una R/P de 37 años. El coeficiente R/P para los Estados Unidos es de sólo 7 años. Sin embargo, estos cálculos incluyen estimaciones de petróleo no descubiertas, que son inciertas pero que aumentarían sustancialmente los años restantes del petróleo. Al mismo tiempo, estos datos son relativos porque debemos tomar en cuenta que la demanda de petróleo aumentará, y por lo tanto disminuirá el número de años de disponibilidad (Ver Tablas 2 y 3). Los principales productores de petróleo a nivel mundial (Tabla 1) son Arabia Saudita, Rusia y Estados Unidos los cuales se encuentran en los tres primeros lugares y México ocupa el séptimo lugar con una producción de 2 978 miles de barriles por día (EIA, 2012).

Tabla 1. Principales productores de petróleo a nivel Mundial, 2010

(Miles de barriles por día)	
País	**Producción**
Arabia Saudita	10,521
Rusia	10,146
Estados Unidos	9,697
China	4,306
Irán	4,252
Canadá	3,486
México	2,978
Emiratos Árabes Unidos	2,813
Brasil	2,719
Nigeria	2,458
Kuwait	2,450
Irak	2,408
Venezuela	2,375
Noruega	2,135
Angola	1,988

Fuente: elaboración propia con datos de EIA, US energy information administration, independent statistics and análisis.

Pese al estancamiento de las reservas de hidrocarburos en México, la industria energética mexicana en el año 2006, ocupó el sexto lugar como productor de petróleo crudo más importante del mundo y PEMEX llegó a ser la industria petrolera más importante en Latinoamérica en términos de ventas, alcanzando 1,062 miles de millones de pesos en ese año, y logró una producción promedio de 3,3 millones de barriles diarios de petróleo crudo y aproximadamente 5,400 millones de pies cúbicos diarios de gas natural. Aunque también es importante mencionar que para la industria energética mexicana representa un problema la tasa de disminución de sus reservas de hidrocarburos, debido a que la relación entre reservas probadas y producción tuvo una caída de 20.6 años a 9.6 años entre el 2001 y el 2006 (OMC, 2008: 116).

Tabla 2. Relación de reservas/producción de los principales países del mundo pertenecientes a la OPEP

País	Reservas/Producción (años)
Iraq	142
Kuwait	120
Emiratos Árabes Unidos	107
Arabia Saudita	78
Irán	66
Venezuela	60
Nigeria	29

Fuente: Elaboración propia con datos de: J. Maples, Trancon, Inc. using data from U.S. Department of Energy, Energy Information Administration, International Energy Annual 1998, January 1999. Production for 1998: Table G1; reserves as of Jan. 1, 1999: Table 8.1, original source Oil & Gas Journal.

En materia de producción total PEMEX se colocó en ese año en el lugar número cuatro después de Saudí Aramco, la NOIC de Irán y British Petroleum. Sin embargo en cuestión de reservas petroleras probadas México ocupó el lugar número 16, lo que nos indica la sobrexplotación de sus recursos petrolíferos. Y en el comparativo internacional, PEMEX cuenta con 12 mil 187 millones de barriles de petróleo crudo equivalente de reservas probadas, en tanto que mantuvo una producción promedio de 3,1 millones de barriles diarios de petróleo crudo equivalente durante el año 2008 (petróleo y gas). Resaltando que las empresas petroleras que aportan mayores niveles de producción son: en primer lugar Saudí Aramco con 9 mil 369 y NOIC en segundo lugar con 3 mil 924 millones de barriles diarios de producción. El tercer lugar es para la petrolera privada British Petroleum que incrementó significativamente su producción en el último año, a 3 millones 800 mil barriles. Pero esta información difiere con la publicada en el apartado de "Comparaciones Internacionales" del documento estadístico de PEMEX, donde se publica que México ocupa el lugar número seis en materia de producción de hidrocarburos frente a otras naciones, luego de Rusia, Arabia Saudita, Estados Unidos, Irán y China (PEMEX, *Anuario Estadístico 2008*).

A nivel empresarial Pemex, que llegó a ser la cuarta empresa integral de petróleo más importante del mundo, ha venido a menos en los últimos 15 años y en el 2011 se ubica en el decimoprimer lugar. En 2007, su producción de crudo (3,082 miles de barriles diarios) la ubicó en el tercer lugar mundial. El volumen de proceso de crudo en sus refinerías (1,269 miles de barriles diarios) la colocó como la 13° petrolera más grande. Su producción de gas fue la 14° más relevante a nivel internacional. Por su parte, si se compara al nivel de países, México ocupa el 6° y el 19° lugar en cuanto a producción de crudo y de gas natural, respectivamente. En cuanto a capacidad de refinación, el país ocupa la posición número quince a nivel mundial (SENER y PEMEX, 2011)

Tabla 3. Relación de reservas/producción de los principales países del mundo no pertenecientes a la OPEP

País	Reservas/Producción (años)
México	37
Rusia	22
China	21
Noruega	9
Estados Unidos	7
Canadá	5
Reino Unido	5

Fuente: Elaboración propia con datos de: J. Maples, Trancon, Inc. using data from U.S. Department of Energy, Energy Information Administration, International Energy Annual 1998, January 1999. Production for 1998: Table G1; reserves as of Jan. 1, 1999: Table 8.1, original source Oil & Gas Journal

La industria energética es de suma importancia para la economía mexicana; este sector aumentó su contribución a las exportaciones a través de los hidrocarburos y sigue siendo hasta este momento de importancia crucial para las finanzas públicas. En 2010 su aporte al erario fue de más de 650 000 millones de pesos (53 800 millones de dólares). El sector energético mexicano ha contribuido aproximadamente con el 2.6 por ciento del PIB de México y el 15.5 por ciento del valor de sus exportaciones totales de bienes en el 2006. [3] Entre el 2001 y el 2006 la producción de energía primaria aumentó a una tasa anual del 1.7 por ciento, de los cuales los hidrocarburos representaron un 90 por ciento, la electricidad primaria un 5 por ciento, la biomasa un 3 por ciento y el carbón mineral el 2 por ciento restante. [4] El total de la inversión en el sector energético creció a una tasa anual media del 12 por ciento entre el 2001 y el 2006 alcanzando

---

[3]   Los datos para el sector energético incluyen la producción de petróleo y sus derivados, la industria petroquímica básica, y la distribución de gas y electricidad. Suministro de energía, que equivale a un aumento del 38 por ciento con respecto al 2006.

[4]   Para mayores informes consultar el Sistema de Información Energética (SIE) de la Secretaría de Energía.

un valor de 192 mil millones de pesos mexicanos. El Gobierno sugiere que se requieren inversiones anuales de alrededor de 264 mil millones de pesos mexicanos durante el 2007-2012 para mantener la confianza del suministro de energía, lo que equivale a un aumento del 38 por ciento con respecto al 2006[5] (OMC, 2008: 115 a 117).

En el Plan de Desarrollo 2007-2011 se explica la situación actual del sector de los hidrocarburos, en éste se expone que uno de los retos más importantes, es detener y revertir la evolución desfavorable de las reservas de hidrocarburos. Este documento confirma que al ritmo de producción y consumo actual, las reservas probadas de petróleo mexicano crudo se agotarán en 9.3 años y las de gas natural en 9.7 años. Constatando la información con la de los informes de PEMEX se resalta que "al primero de enero de 2010, las reservas probadas de hidrocarburos del país ascienden a 13 mil 992 millones barriles de petróleo crudo equivalente (MMbpce), de éstas el 74 por ciento corresponde a crudo; 9 por ciento a condensados y líquidos de planta; y el 16 por ciento a gas seco equivalente a líquido. Del total de reservas probadas, 9 mil 625.9 MMbpce o 69 por ciento son desarrolladas, es decir, reservas que se espera sean recuperadas de pozos existentes incluyendo las reservas que pueden ser producidas con la infraestructura actual e inversiones moderadas. El 73 por ciento de las reservas desarrolladas se ubican en los complejos Cantarell, Ku-Maloob-Zaap y Antonio J. Bermúdez, así como en los campos Jujo-Tecominoacan, Ixtal, Bolontikú, Caan, May y Chuc. Regionalmente, 6 mil 138 MMbpce, equivalentes al 64 por ciento, se ubican en los campos de las regiones marinas y 3 mil 487.7 MMbpce, equivalentes al 36 por ciento restante, se encuentran en campos de las regiones Norte y Sur.

Las reservas probadas no desarrolladas, es decir, los volúmenes que requieren de pozos e infraestructura adicional para su producción, alcanzan 4 mil 366 MMbpce, que representan el 31 por ciento de las reservas probadas. El 53 por ciento de estas reservas se concentran en los complejos Ku-Maloob-Zaap y Antonio J. Bermúdez y en los

---

[5]   Para mayores datos puede consultarse el Programa Nacional de Infraestructura 2007-2012 en: www.infraestructura.gob.mx.

campos Jujo-Tecominoacan, Sihil, Tsimin, May, Ayatsil y Yaxché Las regiones marinas concentran 56 por ciento de esta categoría de reservas, mientras que las regiones terrestres contienen el restante 44 por ciento" (PEMEX, 2012). El campo Cantarell[6] es el más productivo con una aportación de más de 50% de la producción nacional de petróleo crudo, pero desde hace un par de años este pozo ha iniciado su etapa de declinación. En lo que respecta a la producción de gas natural, si bien la tendencia muestra un crecimiento en los últimos años, dicho aumento no ha contribuido para reducir las importaciones de este energético.

Los ingresos petroleros representan en promedio, una tercera parte de los recursos del sector público mexicano por lo que, dichos ingresos dependen del sumamente volátil mercado internacional del petróleo, por lo que resulta difícil estimar de manera precisa los ingresos futuros y planear el gasto público (Moreno, 2006). Los recursos obtenidos de la venta de hidrocarburos han sostenido la economía mexicana de tal forma PEMEX se ha enfrentado un problema principal. El régimen fiscal al que se encontraba sujeta la empresa estatal, PEMEX, permitía que se retuviera solamente el 30 por ciento de los recursos obtenidos por la venta del petróleo.

Es de destacarse que dese 1998 hasta el 2008 PEMEX ha registrado pérdidas, a excepción del año 2006, ya que sus utilidades brutas (rendimiento antes de intereses, impuestos y aprovechamiento) aumentaron a un poco más de 57 miles de millones de dólares estadounidenses en ese año. No obstante, el pasivo total de Pemex ha aumentado, alcanzando 1,165 mil millones de pesos mexicanos en el 2006, dado que el 70 por ciento de sus ganancias son canalizadas al gasto público en otros sectores de la economía. De esta forma su patrimonio pasó a ser negativo debido a su elevada carga fiscal y las pérdidas netas acumuladas, lo que ha deteriorado el patrimonio de la empresa (OMC, 2008:117).[7] Desafortunadamente una pesada

---

[6]   El Complejo Cantarell es un yacimiento de petróleo, se encuentra ubicado en Campeche, México. Es considerado uno de los más importantes a nivel mundial, ubicándose en segundo lugar, tan sólo superado por el complejo Ghawar en Arabia Saudita.

[7]   Cifras en pesos mexicanos corrientes.

carga fiscal y subsidios al consumo han tenido como resultado que tanto la empresa petrolera, Pemex, como las compañías del sector eléctrico enfrenten problemas crecientes para financiar las inversiones requeridas. Por lo tanto, es esencial realizar reformas estructurales tanto del sector de hidrocarburos como del eléctrico para asegurar la viabilidad financiera y aumentar la eficiencia de los operadores, así como para mejorar el aprovechamiento de los recursos energéticos en México.

Ante la situación de pasivos de la industria petrolera mexicana, se reformó el régimen fiscal de PEMEX durante el año 2005 y entró en vigor durante 2006. La modificación aprobada en 2007 disminuirá la carga fiscal de la empresa a partir de 2008. El objetivo principal de la reforma fue liberar recursos para que la paraestatal pueda reinvertir sus ganancias derivadas de la venta de hidrocarburos. Con el nuevo régimen PEMEX tiene una menor presión tributaria por lo que pagará menores derechos al gobierno federal. Debido a que los recursos de la empresa paraestatal no eran suficientes para cubrir los gastos operativos de la empresa y poder reinvertir en su modernización, ello la había llevado a adquirir deuda de tal forma que los pasivos de PEMEX han llegado a ser superiores al billón de pesos, lo que la ha colocado en una situación financiera insostenible (Moreno, 2006).

Sumado a la delicada situación de Pemex, ésta se enfrenta a la falta de tecnología para desarrollar sus recursos en aguas ultra profundas y también enfrenta restricciones para la explotación de campos en yacimientos fronterizos. Por un lado, otra problemática a resolver es la capacidad de refinación en México, ya que se ha mantenido prácticamente constante en los últimos 15 años ante una demanda creciente de gasolinas, lo que ha ocasionado que las importaciones de gasolina hayan crecido significativamente y en 2006 casi cuatro de cada diez litros consumidos en el país fueron suministrados por el exterior. Por otra parte, en petroquímica existe una industria desintegrada, con altos costos de producción y baja competitividad, lo que genera montos insuficientes de inversión e importaciones crecientes.

No obstante el lugar privilegiado de México como productor, en los últimos tres años, Pemex ha registrado una disminución del 14 por ciento en su producción, derivado principalmente de la declinación del campo Cantarell. La producción petrolera de este mega yacimiento cayó en los últimos tres años 47 por ciento, al pasar de 1 millón 787 mil barriles diarios a 940 mil 493 durante el año 2008. Esta situación ha provocado que la producción total de México haya disminuido, aunque esta disminución no ha sido tan grave, debido a la entrada del segundo mayor yacimiento con el que cuenta Pemex, el pozo llamado Ku Maloob Zaap. A pesar de esto, la producción total decreció de 3.2 a 2.6 millones de barriles diarios, lo que significa un disminución cercana al 19 por ciento entre 2006 y 2008, según datos estadísticos del Sistema de Información Energética de la Secretaría de Energía.

El Anuario Estadístico 2008 de Pemex muestra que al paso del tiempo se ha tenido que intensificar la búsqueda y perforación de pozos petroleros, pero el porcentaje de éxito para convertirse en productores ha venido disminuyendo. En cuanto a gas natural, el contexto internacional muestra que en materia de reservas probadas del energético, México se encuentra en el lugar número 35. Y actualmente aunque México cuenta con seis refinerías divididas en petroquímica básica y petroquímica secundaria, éstas no han logrado desarrollar todo su potencial. Por ello y con el fin de impulsar las inversiones en la industria petroquímica secundaria (abierta a la inversión privada) y reactivar la operación de instalaciones petroquímicas de propiedad de Pemex, el Plan Nacional de Desarrollo 2007-2012 y el Programa Nacional de Infraestructura promueven alianzas estratégicas con el sector privado, para nacionales y extranjeros, con la finalidad de atraer inversiones complementarias a las del Estado (Gobierno de los Estados Unidos Mexicanos, Plan Nacional de Desarrollo, 2007-2012: 125-135).

Existen varios principios que deben orientar cualquier política energética en casi cualquier lugar y circunstancia del mundo y por ello, de Quinto (2007) propone un equilibrio de Nash para el sector energético que consiste en encontrar una medida que siempre será de Nash (un óptimo de segundo grado) entre seguridad del suministro, impacto ambiental[8] y precios, considerando los condicionantes del entorno antes mencionados y los intereses corporativos y políticos de cada país. Para ello se necesita un equilibrio cumpliendo los siguientes objetivos:

-Suministro fiable, continuo y de alta calidad;

-Para todos los consumidores (servicio universal);

-A precios mínimos (lo más aquilatados posibles, y basados en costes reales) especialmente comparados con los de los países con los que competimos;

-Menor impacto medioambiental posible, y cumpliendo los compromisos internacionales asumidos por el país en esta materia y

-Empresas sólidas y solventes, tanto por el lado de la oferta como por el de la demanda.

En el caso particular de México debemos hacer referencia a las características específicas de su sector energético (Fundación Este país, 2008):

1.- Los hidrocarburos son en México la principal fuente de energía producida en el país, en 2006 representaron 60.2% de la energía producida en ese año.

2.- El sector que consume más energía es el transporte (Ver Grafica 1), sobre todo gasolinas en gran parte importadas.

3.- El sector energético en México se caracteriza por alto nivel de exportación de fuentes de energía primarias, sin procesamiento o transformación, como el petróleo, y una elevada importación de fuentes de energía secundarias, ya transformadas y con valor agregado, como las gasolinas.

4.- El sector de energía del país se caracteriza por la disminución de las reservas probadas de petróleo crudo, mismas que

---

[8] El impacto ambiental que se genera en el medio ambiente y la biodiversidad al producir energía.

con los niveles actuales de producción y sin mejoras en la tecnología disponible, se estima que duren poco menos de 10 años.

5.- En México el principal desafío es llevar energía eléctrica a todos los hogares del país: ha habido avances en los últimos años, pero en 2005 aún había más de 2.5 millones de personas viviendo en hogares sin energía eléctrica.

La cantidad de energía que México produce, proviene de fuentes primarias de energía y en menos medida de fuentes secundarias: en 2006 la producción de energía primaria fue de 10, 619 petajoules (PJ) y de energía secundaria fue de 5,236.9 PJ. Entre 2000 y 2006, la producción de energía primaria aumentó 9.4%, al pasar de 9,702.9 a 10,619 PJ. Los hidrocarburos representaron la principal fuente de energía primaria: en 2006, 89.9% de la energía producida se generó en base a hidrocarburos. Después del petróleo, el gas y la hidroenergía, el cuarto lugar es para la energía procedente de la leña que en México representó 2.3% del total de energía primaria en el año 2006. Por su parte, la producción de energía secundaria aumentó 6.4% entre 2001 y 2006, al pasar de 4,920.7 PJ a 5,236.9 PJ. En 2006, las principales fuentes de energía secundarias producidas en México fueron el gas seco (25.5% del total), gasolinas y naftas (18.1%), energía eléctrica (15.5%), combustóleo (14.6%) y diesel (12.4%). Sin embargo, el desempeño del sector durante 2009 indica que alrededor del 85% de la energía producida fue generada por los combustibles fósiles: 44.7% petróleo y condensados, 40.6% gas natural. Si se contemplan otras fuentes de energía no renovables como el carbón y la energía nuclear la proporción se incrementaría a poco más del 90% (Este País. 2008).

Grafica 1. Consumo final de energía en México por destino, 2006

(Las cifras están calculadas con base en el consumo final de energía, en Petajoules)

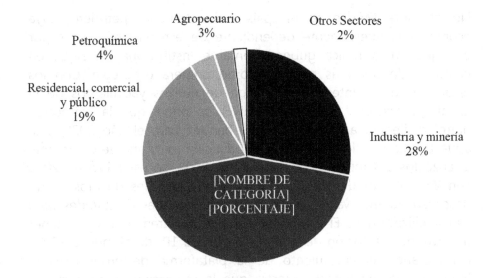

Fuente: Elaborado por Alan Sánchez con datos de Fundación Este País con base en Secretaría de Energía, Balance Nacional de Energía: producción de energía primaria, Sistema de Información Energética (SIE), 2008 y en Instituto Nacional de Estadística, Geografía e Informática (INEGI), El sector energético en México 2007, 2007.

El proyecto estratégico de México está en la exploración en áreas prioritarias en aguas profundas del Golfo de México en donde se estima que está concentrado el 58 por ciento de los recursos prospectivos y que éstos pueden convertirse en reservas a través de la actividad exploratoria exitosa, lo que les permitiría aumentar la probabilidad de éxito comercial. Estas exploraciones deberán operar mediante perforaciones a profundidades que van desde los 450 hasta 2,500 metros, con una estimación estadística se calcula que la tasa de éxitos sería de alrededor del 33 por ciento, de 8 a 10 nuevos campos descubiertos y entre 20 y 24 fracasos. La explotación petrolífera en aguas profundas en el Golfo de México costará 2,190 millones de dólares tan sólo por concepto de la renta diaria de las 4 plataformas de perforación en los próximos 3 años. Es de notarse que estos recursos son 3.19 veces mayores a los que se destinarán a impulsar la transición energética. Ante ello Greenpeace (2011) hace una fuerte crítica a la apuesta mexicana por una mayor inversión en aguas profundas, pues propone que dichos recursos podrían ser usados para promover fuentes renovables de energía.

No obstante México es un país eminentemente petrolero, cuya economía es fuertemente dependiente de este energético, es por ello que en la lógica gubernamental e institucional se sigue en la búsqueda por más petróleo como primera estrategia. Con los resultados de la intensiva búsqueda de nuevos yacimientos de la Estrategia Nacional de Energía (ENE) se prevé que la extracción petrolera llegará a 3.3 millones de barriles para el año 2025, y la apuesta está en ello. Mientras, la producción mexicana de crudo, que alcanzó los 3,3 millones de barriles en 2004, se estabilizó en 2010 con 2,5 millones de barriles diarios (mbd), después de mostrar un descenso durante varios años, y que hay grandes dificultades para su estabilización. La ENE también contempla incrementar y mantener un nivel de restitución de reservas probadas 1P[9] de al menos 100%, considerando el crecimiento de la plataforma de producción. El Informe 2009 de Pemex muestra que la reposición de reservas 1P alcanzó el 77 por ciento (Greenpeace, 2011).

La Estrategia Nacional de Energía (ENE)

La reforma energética establecida en el año 2008 indica que corresponde a la Secretaría de Energía (SENER) "establecer y conducir la política energética del país, así como supervisar su cumplimiento con prioridad en la seguridad y diversificación energéticas, el ahorro de energía y la protección del medio ambiente...". La ENE es expresada en un documento que establece metas a largo plazo para el sector energético, en este caso hasta el año 2025. La planeación de la ENE cumple con lo establecido en la fracción I del Artículo 33 de la Ley Orgánica de la Administración Pública Federal (LOAPF) (SENER, 2011).

En México, se ha planeado una estrategia de seguridad energética contenida en la ENE, a través de la instrumentación de las líneas de acción. Cómo primera línea de acción se planea promover

---

[9]   Reservas 1P son las reservas probadas de las que se tiene certeza de su existencia y posibilidades técnicas de su extracción.

principalmente, al aumento en la producción de crudo y como segunda línea se contempla la diversificación de la matriz energética a través de energías limpias. Una de esas metas es el aumento en la generación de electricidad con tecnologías limpias, con una meta de hasta un 10% de la producción de energía primaria en 2025. Se estima que, con la instrumentación exitosa de la ENE, se tendrá un incremento de la oferta de energía[10] de entre 25 y 39% aproximadamente, respecto a 2009. Con éste aumento en la producción y de implementarse las acciones en materia de eficiencia energética en los próximos 15 años, la intensidad energética del país disminuirá y México continuará siendo un país exportador neto de energía (Consejo Nacional de Ciencia y Tecnología (CONACYT), Consejo Tecnologico del Estado de Nuevo León y Asociación Mexicana de Directivos de Investigación Aplicada (ADIAT), 2001).

En cuanto al uso de los hidrocarburos mexicanos, un planteamiento importante a resolver en el diseño del país que queremos ser en 25 o 50 años. Siempre será mejor exportar productos de mayor valor agregado que materias primas; es mejor propósito vender materias de valor agregado (petrolíferos, gasolinas, petroquímicos, etc.). Es necesario preservar las materias primas (gas y petróleo) que permiten generar una gran cantidad de insumos y que, por su naturaleza, tienen la capacidad de impactar a un amplio número de industrias. Y también se hace necesario identificar fuentes alternas para la generación de energía. Para llevar a cabo lo anterior se requiere de una política energética adecuada, para obtener la mezcla de generación de energía más acorde a cada región del país, manteniendo el propósito siempre de elevar la competitividad del país al generar energía más barata favoreciendo la sustentabilidad e impulsando la industria petroquímica que permita a su vez el desarrollo de la industria manufacturera asociada a ésta. Es importante por ello la búsqueda de alternativas para obtener la energía requerida partiendo de un principio económico que combina el criterio de eficiencia con la

---

[10]   La oferta interna bruta de energía, se define cómo la suma de la producción, importaciones y variación de inventarios, menos las exportaciones y energía no aprovechada.

noción de generación de valor y el cuidado ambiental (Armenta, 2009).

Cada región del país debería, aprovechando la geografía y las necesidades diferenciadas, privilegiar una forma de generación de energía. Una vez establecidas las metas de largo plazo se puede avanzar en la concreción del desarrollo de las fuentes de energía alternas. En México existe un alto potencial para la generación de energía solar a lo largo del territorio nacional, eólica especialmente en Baja California, Zacatecas y el Istmo de Tehuantepec del país; en hidráulica en el sureste, lo que permitiría además un mejor manejo del agua de lluvia que cada año provoca grandes desastres en esa zona. De acuerdo a Eduardo Rincón (2004), si se toman las decisiones adecuadas, para el año 2030 podrían suministrarse más de 30,000 MW a partir de la energía del viento, empleando en gran medida tecnología nacional. En México se pueden construir todos los componentes de la mayoría de los aerogeneradores que podrían instalarse en zonas como La Ventosa, Oaxaca, y en Baja California, Quintana Roo, Zacatecas y casi todos los estados con litorales, creando una industria que crearía centenares de miles de empleos. Se tienen listos proyectos para la instalación de 350 MW[11] en el Istmo de Tehuantepec, 30 MW en Cozumel y 60 MW en La Rumorosa, B. C. Se han iniciado los trámites para la autorización de otros 300 MW y existen compañías de más de 12 países interesadas en establecer plantas Eolo eléctricas en México (Rincón, 2004 en Armenta, 2009).

México, cuenta con una gran cantidad de campos geotérmicos, por lo que este tipo de energía sí puede representar una contribución significativa para satisfacer las necesidades energéticas del país, por supuesto, sin pasar por alto su utilización directa en procesos industriales, aunque aun desarrollando la totalidad de los recursos con que cuenta el país, la energía geotérmica no podría cubrir la demanda total de energía eléctrica. De implementarse un mayor

---

[11]   MW son Megavatios, la potencia de energía que genera una planta eólica. La planta del Itsmo de Tehuantepec está en proceso de construcción, la de la Rumorosa entro en operaciones el 13 de enero del 2010 y la de Cozumel que fue cancelada este año por cuestiones ecológicas.

aprovechamiento de la energía geotérmica, podría significar un considerable ahorro de combustibles fósiles y una disminución en los niveles de contaminación (De la Cruz, 1996).

En México la ENE sigue considerando a la energía nuclear como una energía limpia, ante lo cual Greenpeace hace una dura crítica, no obstante en México este tipo de energía es considerada como una alternativa más que puede favorecer la generación de electricidad, especialmente en aquellas localidades del país que por su densidad de población y localización geográfica no tienen a su alcance otros recursos naturales para la generación eléctrica. Ante ello Greenpeace (2011) elabora un documento con recomendaciones para México, en las que reitera que la estrategia energética de México debe estar encaminada a garantizar la seguridad energética y sustentabilidad ambiental del país hasta el 2025, lo que sería sumamente deseable. En el documento se evidencia la necesidad de un mayor esfuerzo por diversificar las fuentes para generar energía. En la situación actual global, por razones de escasez y cuidado de medio ambiente, así como por optimizar el uso de los hidrocarburos, se hace imprescindible diversificar la matriz energética a fuentes renovables de energía.

México tiene una geografía diversa, lo que le permite posibilidades de generación de energía congruentes con la dotación de recursos de cada región del país. Además, la acelerada evolución tecnológica, da la factibilidad de generación de energía partiendo de plantas de menor tamaño e inversión; por lo que hoy en día es deseable la combinación de inversión privada, en conjunto con la pública, para la generación de energía empleando fuentes renovables. Se hace indispensable el diseño de una política energética que considere estos factores y ponga en el centro de la atención las necesidades de energía que el país requerirá en el futuro próximo bajo una estrategia que resulte conveniente en la que se impulse el valor agregado de los hidrocarburos y el uso y desarrollo de fuentes renovables de energía. Igualmente, se deben tomar las medidas adecuadas que favorezcan el desarrollo del sector energético mexicano congruente con un mayor impulso a las actividades industriales de alto valor agregado (Armenta, 2009).

La ENE ante las tendencias energéticas

Los problemas o desafíos que experimenta cada país de América Latina en sus sectores energéticos dependen en gran medida de sus condiciones particulares; sin embargo, tienen muchas características comunes que permiten agruparlos alrededor de cinco temas principales:

-la consolidación de las reformas estructurales y reguladoras emprendidas durante la primera mitad de esta década,

-la extensión de las opciones modernas de energía en términos accesibles a todos los habitantes,

-el desarrollo de patrones de producción y uso de energía eficientes y compatibles con el medio ambiente,

-la atracción de los capitales extranjeros y nacionales necesarios para el financiamiento del sector, y

-la integración de los mercados energéticos de la región como elemento clave en sus procesos de integración económica.

Impulsada tanto por el desarrollo económico como por el crecimiento de la población, la demanda por energía en América Latina continuará aumentando durante la próxima década. La demanda por petróleo, que durante la última década creció a una tasa anual promedio del 3,5% a consecuencia del uso del automóvil, se acelerará aún más con la urbanización y el aumento en el nivel de vida. La demanda por electricidad también continúa creciendo (del orden del 6% anual promedio), aunque podría desacelerarse como producto de la eventual saturación de los mercados y el aumento de la eficiencia en el uso final. Sin embargo, tanto la forma como las fuentes con que se atenderá este crecimiento serán muy diferentes de las utilizadas en el pasado (Vives y Millán, 1999).

Las tendencias serán:

- La actividad exploratoria incrementará tanto en busca de crudo como de gas natural. Ello demandará inversiones en toda la cadena productiva: exploración, transporte y distribución;
- Los grandes cambios en la matriz energética empezarán a producirse desde la primera década del siglo;
- Las energías limpias y la eficiencia en el uso final se constituirán en opciones energéticas reales y
- Las preocupaciones ambientales en general, y los impactos de las emisiones de gases de efecto invernadero continuarán impulsando el desarrollo de tecnologías energéticas limpias (Vives y Millán, 1999).

El acelerado desarrollo tecnológico de los últimos años ha hecho posible la reestructuración de la industria energética y los mercados pero a su vez esta reestructuración incrementa la demanda por nuevos desarrollos tecnológicos, desarrollándose un círculo virtuoso en tecnología (Vives y Millán, 1999).

La reforma energética Mexicana y la integración energética

El proyecto de integración energética de América del Norte, integra el sector energético de Canadá, Estados Unidos (EE.UU.) y México, acuerdo que se propone afianzar el control de las reservas petroleras mexicanas, la privatización y desnacionalización de las actividades de carácter productivo en cuanto a la trasformación industrial de refinación de gas, petroquímica básica y no básica, transporte, almacenamiento, distribución; renta petrolera y el mercado nacional mexicano. El acuerdo regional significa la unión regional estratégica, mediante la coordinación de esfuerzos conjuntos en proyectos tecnológicos e industriales para una mayor competencia en los mercados mundiales. El objetivo primordial del acuerdo es integrar el mercado, ampliando la oferta estratégica regional, dando mayor facilidad al flujo transfronterizo de productos energéticos, y la homologación regulatoria entre los tres países de la región. A nivel regional, el 27 por ciento de la producción proviene de Canadá, el 9 por ciento de México y el 25 por ciento de EE.UU, en forma de petróleo crudo, no obstante la mayor parte de los recursos obtenidos de la producción de la región se dirige a los EE.UU (Vargas y Hickman, 2009 en Sánchez, 2012).

Petróleos Mexicanos (Pemex acumuló ingresos por 36,591 millones de dólares por sus ventas de enero a noviembre de 2011 y ayudó a un superávit comercial favorable a México por más de 60,000 millones). México colocó en el lapso estudiado un total de 373 millones de barriles al mercado estadounidense, en lo que fue la misma cantidad por volumen que durante el mismo periodo de 2010, pero el alza del precio del crudo generó un aumento de ingresos de 37%. El incremento ha contribuido de manera sustancial al superávit comercial de México sobre Estados Unidos de 60,616 millones de dólares de enero a noviembre de 2011, de acuerdo con un informe del Departamento de Comercio (DOC) estadounidense. México vendió bienes y servicios a Estados Unidos por 241,848 millones de dólares en lapso analizado, mientras que compró productos estadounidenses por 181,232 millones de dólares.

En general, las exportaciones mexicanas a Estados Unidos aumentaron en 12.9% entre enero y noviembre del 2011, mientras que las exportaciones estadounidenses al mercado mexicano aumentaron 21.7% en el mismo lapso. En el mercado energético, las estadísticas muestran no obstante que el petróleo de México sigue desplazado por el de Arabia Saudita al tercer sitio como abastecedor de crudo al mercado estadounidense. Arabia Saudita vendió 390 millones de barriles o 17 millones más que México entre enero y noviembre. Canadá, que durante varios años ha sido el principal proveedor individual de petróleo a Estados Unidos, se consolidó en esa posición con la venta de 716 millones de barriles. Venezuela continuó en cuarto sitio con la venta de 352 millones de barriles entre enero y noviembre.

La factura global de Estados Unidos por la compra de petróleo aumentó más de 34% en el último año. Sólo de enero a noviembre de 2011, Estados Unidos compró petróleo extranjero con valor aduanal de 302,000 millones de dólares, comparado con los 229,000 millones de dólares en el mismo periodo de 2010, en parte por el aumento de precios aunque también por un mayor volumen. Estados Unidos mantiene en su conjunto una mayor dependencia del crudo procedente de países miembros de la Organización de Países Exportadores de Petróleo (OPEP) y colindantes con el Golfo Pérsico, con la excepción de Irán. La factura estadounidense con los países miembros de la OPEP fue de 152,000 millones de dólares en los primeros 10 meses de 2011, comparado con 150,000 millones de dólares con países no-miembros como Canadá, México, Colombia y Rusia (CNN Expansión, 2012).

Tanto México como Canadá han proporcionado entre el 27 y 30 por ciento de los requerimientos petroleros de EE.UU. en los últimos años, al precio que marcan los estadounidenses. De tal forma que México y Canadá han colaborado garantizándole altos volúmenes de abasto petrolero al mercado estadounidense a precios bajos, ya que son precios más bajos en comparación a los marcados en los mercados internacionales. Y aunque hasta ahora la región había sido autosuficiente, se prevé una declinación de la producción de petróleo gas y carbón a partir del año 2010. Los Estados Unidos han influido de manera definitiva en este proceso de integración energética ante su creciente dependencia energética de México y Canadá y dado que la obtención de energía se ha convertido en su prioridad número uno. Esto es por el déficit que presenta su sector energético, ya que produce el 25 por ciento de la oferta energética mundial y consume el 30 por ciento, su nivel de consumo es de 21 MMb/d (millones de barriles diarios) en el año 2008 y se estima que en los próximos años alcanzará 26 MMb/d por lo que seguirá siento el primer consumidor a nivel mundial (Vargas y Hickman, 2009 en Sánchez, 2012).

Considerando las reservas probadas de petróleo crudo, tenemos que el país con mayor dotación en la región es EE.UU. con un promedio de reservas entre los 21 y 22 mil millones de barriles, en segundo lugar estaría México con 12.9 mil millones de barriles y en tercer lugar Canadá con 4.5 mil millones de barriles. En el caso de EE.UU. sus reservas han disminuido en 0.5 mil millones de barriles, pero México es quien ha tenido la mayor caída dado que su principal pozo Cantarell presenta una declinación de 1.7 mil millones de barriles en los últimos años. No obstante en el año 2004, Canadá ha decidido reclasificar sus arenas bituminosas como reservas probadas y debido a esto ha aumentado sustancialmente sus estadísticas de reservas probadas, a 179 mil millones de barriles Canadá se prepara para explotar sus arenas bituminosas con lo que se ha estimado un aumento en la producción de 1 MMb/d a la que se sumarán 2.8 MMb/d en los próximos 25 años (Ibídem, 2009).

En cuanto a EE.UU. desde el año 1980 sus reservas han venido declinado y su consumo energético no deja de aumentar, por lo que su tendencia de declinación productiva debe ser compensada con crecientes importaciones estimadas en el 70 por ciento de su consumo total en el año 2020. En cuanto a sus reservas, la mayoría de sus campos petroleros son considerados maduros con 21.4 mil millones de barriles de reservas probadas y 500 mil pozos productores considerados en su mayoría marginales (Stripper Wells). Su consumo anual es de 7 mil millones de barriles y dejar de importar de sus países vecinos le implicaría utilizar todas sus reservas, las que le alcanzarían tan solo para tres años. Por lo que se considera que su independencia energética es improbable aún con fuentes de energía renovables. Y se estima que su dependencia de combustibles fósiles continuará en aumento hasta el año 2020 en 70 por ciento del consumo total (Vargas y Hickman, 2009 en Sánchez, 2012).

Para EE.UU tanto México como Canadá son elementos clave para su seguridad energética. México cubre el 15 por ciento de las necesidades energéticas de los EE.UU. pero importa de este último gas natural, productos refinados y electricidad. Y Canadá toda su producción petrolera y gasera se dirige a EE.UU. Lo que ha repercutido en que México y Canadá tengan una explotación intensiva de sus recursos energéticos y ambos países se caractericen por la fuerte declinación importante en sus reservas petroleras convencionales y gaseras, no obstante es de resaltar que la declinación de las reservas estadounidenses tienen una disminución mínima comparada con las de sus vecinos.

En cuanto a México su situación se ha caracterizado por la sobreexplotación de sus recursos petroleros sin la reposición de reservas por falta de inversiones exploratorias. Las estrategias de exploración para los próximos años, tienen contemplados desarrollos petroleros que serán costosos debido a que se realizarán en aguas profundas y geológicamente poco productivas y de difícil acceso, como son Chicontepec y las aguas profundas del golfo de México. Las inversiones serán entre 20 y 30 por ciento mayores a las realizadas en EE.UU. porque los contratistas extranjeros cobran un sobreprecio por sus labores en México en comparación con los precios que cobran en los EE.UU. (ibídem, 2012).

Ante ello, se firmó y ratificó un acuerdo conjunto México-EE.UU que pretende asegurar jurídicamente la explotación de los hidrocarburos de los yacimientos transfronterizos en el Golfo de México, contempla en siete capítulos la supervisión de los trabajos en la franja que va de Brownsville, Texas, hasta la península de Yucatán y en la que se contempla existencia de crudo y gas que puede ser sustraído con tecnología para aguas profundas. Con ello se pretende evitar la explotación unilateral y fortalecer la seguridad energética de la región. Los recursos mexicanos estimados en aguas profundas por extraer son de 29,400 millones de barriles de petróleo en el Golfo, que representan el 55% de los recursos prospectivos del país. Y el 88% de los recursos en aguas profundas están en tirantes de más de 1 kilómetro. La frontera marítima entre México y EE.UU. mide 370 kilómetros (200 millas náuticas) de las cuales podrían ser explotadas 6 millas a lo largo de toda la frontera (El Economista, 2012 en Sánchez, 2012). El desarrollo de la industria energética de la región a la que México pertenece enfrenta importantes desafíos que ponen en juego su sostenibilidad económica, financiera, ambiental, social y política. Es relevante la integración energética que se ha dado principalmente en el área de los hidrocarburos, específicamente petróleo y gas. Si bien es cierto que de la forma específica que se tomen estos retos a nivel regional, depende en gran medida de las circunstancias propias de cada país (Vives y Millán, 1999).

La consolidación de las reformas estructurales y reguladoras emprendidas en toda América a lo largo de la última década es un prerrequisito para su sostenibilidad. No obstante el grado de avance de la reforma del sector en la región es diverso. La sostenibilidad de la reforma en cada país depende del progreso en cada uno de sus cinco elementos claves: el tránsito del Estado empresario al Estado regulador, la búsqueda de la eficiencia mediante la competencia, la participación empresarial del sector privado, el buen manejo de los aspectos sociales y el impacto ambiental.

En cuanto al manejo de los aspectos sociales, la extensión de las opciones modernas de energía en términos accesibles a toda la población es un elemento básico para la sostenibilidad social. La extensa cobertura del servicio eléctrico (84%) en América Latina y el Caribe no permite apreciar que el 60% de la población rural, cerca de 75 millones de personas, no tenían acceso al servicio en el año 1997. Y aún ahora, un gran porcentaje de la energía consumida en el campo sigue siendo la tradicional biomasa para calefacción y cocción y el cambio hacia las formas modernas de energía, como serían la electricidad o el Gas Licuado de Petróleo (GLP) para cocinar, no están llegando lo suficientemente rápido, a pesar de que la población rural sin servicio de electricidad ha venido disminuyendo en términos absolutos durante los últimos veinte años en América Latina. El monopolio del Estado en la distribución de electricidad ha llevado a que la mayoría de los países de la región, buscando satisfacer objetivos muchas veces ajenos al sector, ejecuten una ineficiente y costosa expansión de la red, pero limitando el acceso a otros agentes que pudieran ofrecer el servicio en forma económica. Estos subsidios constituyen una fuerte barrera a la entrada de alternativas diferentes como serían las fuentes renovables en sistemas descentralizados en áreas remotas. Ante ello resaltamos que la extensión de las energías modernas a toda la población en términos accesibles ofrece uno de los retos más apremiantes para la región, puesto que de su éxito depende la sostenibilidad social, y en gran parte, política, de las reformas.

Otro de los más grandes desafíos que surgen tanto para América Latina como para América del Norte es lograr que el proceso de reformas sea amigable con el medio ambiente, pueda convertirse en una oportunidad para lograr un desarrollo ambientalmente sostenible. Esa sostenibilidad ambiental depende del grado en que se logren patrones de producción y uso de energía eficientes económicamente y compatibles con el medio ambiente. De la misma forma los efectos medioambientales de la producción y uso de energía en la región están dominados por el sector transporte, en particular el transporte urbano. No hay duda que los problemas de contaminación del aire están creciendo rápidamente en las ciudades y que los costos económicos son substanciales. De ahí que cualquier política que pretenda combatir efectivamente la contaminación urbana y el cambio climático en la región debe enfocarse en el sector transporte (Vives y Millán, 1999: 9).

Se ha hecho común el expresar optimismo sobre los resultados del proceso de reforma, sin embargo es necesario también destacar que este proceso es todavía frágil y que han surgido problemas políticos y sociales. Políticos porque todo cambio implica el traspaso de poderes, algunos ganan y otros pierden (la oposición sindical a la reforma del sector eléctrico de México). Sociales porque estos cambios también implican cambios en las tarifas de los servicios y de los productos (Vives y Millán, 1999: 15).

Las energías renovables en el contexto de la industria energética

Ante el notable encarecimiento de los hidrocarburos, y la alta dependencia a nivel mundial de éste tipo de energéticos, resurgieron preocupaciones sobre el suministro y precio futuro de la energía, ante ello, se han manifestado intereses por la diversificación de la matriz energética de varios países del mundo, entre ellos México. Este país cuenta con un potencial importante de energéticos de origen fósil, no obstante también entró en la carrera mundial por la producción de energías renovables para la diversificación de su matriz energética y se comprometió a limitar la emisión de gases contaminantes cuando firmó el Protocolo de Kioto. La diversificación de la matriz energética mexicana le permitirá mejores estrategias para una mayor eficiencia energética para la industria. Además, de que las energías renovables pueden ser parte integral de los sistemas de energía en los centros urbanos y también pueden proveer servicios de energía en regiones marginadas. Para lograr los dos objetivos, por un lado, es fundamental reducir la dependencia del petróleo cómo principal energético, y por otro, modificar la matriz energética. En México, se ha considerado el aprovechamiento de las diversas formas de energía renovable, entre ellas, la energía solar, la energía eólica, hidráulica y las diversas formas de biomasa, resaltando que actualmente el avance tecnológico y la madurez de las energías renovables han logrado que aumente su eficiencia y rentabilidad (Consejo Nacional de Ciencia y Tecnología (CONACYT), Consejo Tecnológico del Estado de Nuevo León y Asociación Mexicana de Directivos de Investigación Aplicada (ADIAT), 2001).

Las tendencias presentes hacia las renovables nos permiten adelantar que los mercados serán radicalmente diferentes de los existentes a finales de este siglo XXI, cuando apenas se iniciaba la gran transformación del sector. Los cambios tecnológicos que hicieron posible la revolución en el mercado de electricidad y su convergencia con el mercado de gas natural, así como las respuestas a las preocupaciones con el medio ambiente y el calentamiento global permiten vislumbrar que ya no se tendrán mercados individuales de combustibles sino muchos tipos de mercados atendiendo diversas necesidades de los consumidores en ámbitos diferentes y con diversa escala. A su vez, cada tipo de negocio demandará soluciones financieras apropiadas a sus condiciones particulares. Las oportunidades de desarrollo y de negocios desatadas por esta revolución energética son inmensas pero también lo son los retos que el sector enfrenta para convertirlas en realidad y para asegurar su sostenibilidad (Vives y Millán, 1999).

Si se compara la integración de las matrices energéticas de México con la de algunos países de Latinoamérica se observa una importante disparidad en la participación de las fuentes de energía alternativas entre los países. En México el 8.2% de la oferta total de energía es renovable mientras que en Argentina la participación es de 9%; sin embargo, en Venezuela las generación de energías verdes sólo representa el 4.4% mientras que en Brasil asciende al 47.6%. Algunas estimaciones indican que las energías renovables podrían llegar a representar el 22% dentro de la matriz energética mundial hacia el año 2030. Sin embargo, para el caso de México observando el desarrollo actual de la producción de energías limpias se podría esperar una proyección de crecimiento poco significativa en el corto plazo. La ENE establece como uno de los objetivos el incrementar la participación de las tecnologías limpias dentro de la capacidad instalada al 35 por ciento de tal forma que México deberá continuar en el proceso de impulsar la producción de energía a través de fuentes renovables. Existen dos factores que serán de vital importancia en este proceso: la elaboración de un marco regulatorio eficiente que permita un sano desempeño del mercado de energías verdes; y segundo, impulsar de manera adecuada el desarrollo de las tecnologías que generen el mayor beneficio económico y social para el país. Ante ello Greenpeace (2011) elabora un documento con recomendaciones para México, en las que reitera que la estrategia energética de México debe estar encaminada a garantizar la seguridad energética y sustentabilidad ambiental del país hasta el 2025, lo que sería sumamente deseable.

En México, la Estrategia Nacional de Energía puede convertirse en uno de los principales instrumentos jurídicos para detonar el mercado de energías renovables, promover el crecimiento económico, generar empleos verdes, garantizar la seguridad energética y trazar efectivamente la ruta hacia la mitigación del calentamiento global. No obstante, el crecimiento exponencial que ha tenido la inversión en renovables en los últimos seis años (más del 600% con respecto a 2004) puede explicarse por un hecho muy simple: allí donde se adoptan políticas de apoyo a las energías renovables, las inversiones llegan solas. Resulta por lo tanto necesario buscar nuevas alternativas para promover el uso de las fuentes renovables y la eficiencia en el uso final sin sacrificar las ventajas que ofrecen los mercados competitivos (Greenpeace, 2011).

Conclusiones

1.- El sector energético se encuentra en medio de un acelerado proceso de cambio en todos los ámbitos. Cambios en la industria y la estructura del sector, en los sistemas de propiedad, en los mercados, en los actores y en su comportamiento como consecuencia del nuevo paradigma de la economía en el marco del nuevo milenio. Se esperan fuertes cambios, por una parte, en la composición de la matriz energética impulsados por el cambio tecnológico y, por otra, en los hábitos de los consumidores ante la necesidad de hacer frente al desafío del medio ambiente. De igual forma, los cambios exigen mayor adaptación de los gobiernos como ejes rectores y reguladores del sector y garante de los derechos de los consumidores.

2.- La industria energética mexicana se ha visto afectada por la disminución de las reservas y de los niveles de producción del crudo mexicano, principalmente por la fuerte declinación del principal yacimiento de México, así como también a las fallas financieras y tecnológicas que Pemex ha tenido para desarrollar la mayoría de sus recursos prospectivos que se encuentran en aguas ultra profundas y a las restricciones que presenta el actual marco regulatorio en cuanto a la incorporación de nuevas fuentes de inversión.

3.- Actualmente aunque México cuenta con seis refinerías divididas en petroquímica básica y petroquímica secundaria, éstas no han logrado desarrollar todo su potencial. Por ello y con el fin de impulsar las inversiones en la industria petroquímica secundaria (abierta a la inversión privada) y reactivar la operación de instalaciones petroquímicas de propiedad de Pemex, el Plan Nacional de Desarrollo 2007-2012 y el Programa Nacional de Infraestructura promueven alianzas estratégicas con el sector privado, para nacionales y extranjeros, con la finalidad de atraer inversiones complementarias a las del Estado.

4.- El proyecto de integración energética de América del Norte, es un acuerdo regional que busca a través de la unión regional estratégica, la coordinación de esfuerzos conjuntos en proyectos tecnológicos e industriales para una mayor competencia en los mercados mundiales. El objetivo primordial del acuerdo es integrar el mercado, ampliando la oferta estratégica regional, dando mayor facilidad al flujo transfronterizo de productos energéticos, y la homologación regulatoria entre los tres países de la región.

5.- México tiene una geografía diversa, lo que le permite posibilidades de generación de nuevas fuentes de energía alternativa congruentes con la dotación de recursos de cada región. Además, la acelerada evolución tecnológica, da la factibilidad de generación de energía partiendo de plantas de menor tamaño e inversión; por lo que hoy en día es deseable la combinación de inversión privada, en conjunto con la pública, para la generación de energía empleando fuentes renovables. Se hace indispensable el diseño de una política energética que considere estos factores y ponga en el centro de la atención las necesidades de energía que el país requerirá en el futuro próximo bajo una estrategia que resulte conveniente en la que se impulse el valor agregado de los hidrocarburos y el uso y desarrollo de fuentes renovables de energía.

Bibliografía

Alarco T., "Crecimiento económico y emisiones de CO2 por combustión de energéticos en México, 2005-2030", Economía Mexicana, Nueva época, vol. XV, núm. 2, segundo semestre de 2006.

Armenta Fraire Leticia (2009) "Energía y política pública", Mesa 4: Economía pública y desarrollo, revista Econocuantum, volúmen 6 número 1.

Comisión Reguladora de Energía, Informe quinquenal 1995-2000, México

Consejo Nacional del Petróleo (2007) Hardtruths, enfrentando el grave problema energético, Una visión integral de la industria del petróleo y el gas natural en el mundo hasta el año 2030, Departamento de energía de EE.UU.

Consejo Nacional de Ciencia y Tecnología (CONACYT), Consejo Tecnologico del Estado de Nuevo León y Asociación Mexicana de Directivos de Investigación Aplicada (ADIAT) (2001) Perspectiva Tecnológica Industrial de México 2002-2015, México, consultado el 16 de marzo del 2012 en: http://www.adiat.org/es/documento/100.pdf

Chávez P. (2009) "Implicaciones de las reformas energéticas de 1973-2008. Naturaleza y régimen fiscal de PEMEX", septiembre-octubre, El cotidiano 157, México.

De Quinto J. (2007) Seguridad de suministro:un valor en alza para la política energética y en la política de seguridad nacional. UNISCI Discussion Papers, No 13 (Enero / January 2007) UNISCI / Universidad San Pablo-CEU.

De la Cruz Reyna, Servando (1996) Ciencias de la Tierra hoy, Fondo de Cultura Económica (FCE) México.

Domínguez R. Sergio (2011) Matriz energética de México. En Global energy de journal of the power resource. Consultado el día 2 de enero del 2012 en:
http://www.globalenergy.com.mx/index.php?option=com_content&view=article&id=1021:matriz-energetica-de-mexico-&catid=59:de-interes&Itemid=151

Dorantes R. (2008) Las energías renovables y la seguridad energética nacional, especialidad: energética, publicado por la academia de ingeniería de México consultado en: academiadeingenieriademexico. mx/.../...

Este País Fundación (2008) "El sector energético en México, Cinco temas clave", abril 2008, México.

García Karol (2012) Ratifica el Senado de la republica el acuerdo de yacimientos con EE.UU., consultado el día 27 de marzo en: http://eleconomista.com.mx/industrias/2012/03/27/ aprueban-comisiones-pacto-transfronterizo-mexico-eu

Gobierno de los Estados Unidos Méxicanos, Plan Nacional de Desarrollo 2007-2012 consultado el 2 de febrero del 2012 en: http://pnd.calderon.presidencia.gob.mx/pdf/PND_2007-2012.pdf

Greenpeace (2011). Posición de Greenpeace respecto de la Estrategia Nacional de Energía 2011-2025.

International Energy Agency (IEA) (2011) World Energy Outlook, OECD, IEA, France.

Moreno R. (2006) Ingresos Petroleros y gasto público. La dependencia continua, publicación de la serie: Avances y retrocesos, una evaluación ciudadana del sexenio 2000-2006, Fundar, Centro de Análisis e Investigación, A. C., México.

Moreno R. (2006a) Ingresos Petroleros y gasto publico. La dependencia continua, publicación de la serie: Avances y retrocesos, una evaluación ciudadana del sexenio 2000-2006, Fundar, Centro de Análisis e Investigación, A. C., México.

Montes N. (2006) "Problemas y desafíos cruciales del sector energético en México". Revista Economía Informa de la Facultad de Economía UNAM, Número 340, mayo-junio, México.

Organización Mundial del Comercio (OMC) (2008) Examen de Políticas Comerciales, México, consultado el 15 de enero del 2012 en: http://www.wto.org/spanish/tratop_s/tpr_s/tp295_s.htm

PEMEX (2008) Anuario Estadístico consultado el 12 de enero del 2012 en: http://www.ri.pemex.com/files/content/SPA040708.pdf

PEMEX (2009) (2010) (2011) Anuarios Estadístico consultado el 12 de enero del 2012 en: http://www.ri.pemex.com/index.cfm?action=content&sectionID=134&catID=12202&media=pdf

PEMEX (2012), Proyectos Estratégicos, consultado el día 3 de marzo del 2012 en: http://www.pemex.com/index.cfm?action=content&sectionID=145#lakach

République Francaise (2012), Centre d'analyse stratégique, Rapport energies 2050. Note de synthése développement durable, février, No. 263, France.

Rincón M., Eduardo (2004). Propuesta de uso de fuentes renovables como base del desarrollo sostenible en Energía a debate, abril consultado 12 de enero del 2012 en: http://www.energiaadebate.com/Articulos/Abril%202004/eduardo_a_rincon_mejia.htm

Sánchez Julieta (2012), "La crisis energética global, la posición de México en el mundo", comunicación publicada por la Universidad de Jaén en el marco de la XIV Reunión de Economía Mundial, consultada en: http://xivrem.ujaen.es/wp-content/uploads/2011/11/24-R-106M706.pdf

Secretaria de Energía (2011) Estrategia Nacional de Energía, enviada el 25 de febrero de 2011 al H. Congreso de la Unión, para su ratificación.

Secretaria de Energía y PEMEX (SENER Y PEMEX) (2011) Diágnostico de situación de PEMEX consultada el día 12 de mayo del 2012 en: www.pemex.com/files/content/situacionpemex.pdf

US energy information administration (EIA) (2012), Independent statistics and analysis, consultado el día 3 de marzo del 2012 en: http://www.eia.gov/countries/

US Department of Energy (1999) Transportation Energy data book: edition 19 consultado el 13 de marzo del 2012 en: http://ntl.bts.gov/lib/5000/5800/5844/19th_edition/Full_Doc_TEDB19.pdf

U.S. Department of Energy, Energy Information Administration, *International Energy Annual 1998*, January 1999. Production for 1998. Consultado en: http://www1.eere.energy.gov/vehiclesandfuels/facts/favorites/fcvt_fotw125.html

Vargas y Hickman (2009) La integración energética de América del Norte y la reforma energética mexicana, cuadernos de América del Norte, CISAN, UNAM, México.

Vives A., Millán J. (1999) El Sector energético en el umbral del Siglo XXI: Tendencias y Retos1/ Banco Interamericano de Desarrollo. Documento preparado para la Conferencia "La Energía en el Nuevo Milenio" organizada por el Club Español de la Energía celebrada en Santiago de Compostela, España, el 19 y 20 de noviembre.

CNN Expansión (2012), "Ventas de Pemex a EU por 36,591 mdd", Publicado y consultado: Domingo, 15 de enero de 2012 en: http://www.cnnexpansion.com/economia/2012/01/15/ventas-de-pemex-a-eu-por-36591-mdd

CAPITULO II

El modelo exportador y el impulso al crecimiento económico. El caso de dos industrias exitosas (automotriz y aparatos eléctricos y electrónicos)

María Luisa González Marín
Profesora-Investigadora
Instituto de Investigaciones Económicas
Universidad Nacional Autónoma de México
Investigadora Nacional-CONACYT (SNI Nivel I)

Introducción

Este trabajo se propone estudiar el modelo exportador vigente en México y su impacto en el sector manufacturero. Se ejemplifica con dos industrias (automotriz y aparatos eléctricos y electrónicos) que representan más de la mitad de las exportaciones manufactureras, en 2011 alcanzaron el 52%.

La adopción del modelo exportador fue presentada por el gobierno mexicano como la forma adecuada para impulsar la competitividad de la industria y su participación en el mercado mundial. Durante la vigencia de ese modelo hubo indudables muestras de su incapacidad para sacar adelante la economía del país, sin embargo, se continuó por ese camino hasta que la actual crisis vino a demostrar que es prácticamente un suicidio seguir con el mismo modelo. Los gobernantes en México no encuentran una alternativa viable y siguen insistiendo en que a través de las exportaciones, la economía y la industria del país se fortalecerán. Cierran los ojos a otras experiencias, Brasil, por ejemplo, sin abandonar el mercado externo ha favorecido la inversión interna en la industria, aplica una política de diversificación de exportaciones y proteccionista que le ha dado buenos resultados.

Conocer las limitaciones del modelo exportador permite replantear las políticas de desarrollo industrial, y representa un desafío para quienes consideran urgente salir del atraso con nuevas estrategias de crecimiento, que contemplen la mejora de las condiciones de vida de los trabajadores y el fortalecimiento del mercado interno. México tiene un amplio mercado de 112 millones de personas, altamente apetecible para las empresas transnacionales (ETNS), su tamaño permite imponerles requisitos, es posible hacerlo, varios países lo han hecho y han alcanzado altas tasas de crecimiento.

Los años noventa del siglo pasado se caracterizan por los cambios estratégicos realizados por las empresas transnacionales. La fragmentación global de la producción fue uno de ellos, los países del tercer mundo se convirtieron en el lugar ideal para establecer plantas industriales, estrategia que fomentó la competencia por obtener esas inversiones. Cada país ofrecía diversas ventajas con el fin de atraerlas, entre las cuales se encuentran construcción de infraestructura, exenciones de impuestos, venta o renta de terrenos a bajo precio, mano de obra barata y ausencia de sindicatos.

La experiencia exitosa de algunos países del sureste asiático como Corea del Sur, Taiwán y Hong Kong, parecía mostrar que la estrategia era acertada. No se tomó en cuenta en esas apreciaciones la opinión de quienes señalaban que un factor clave del éxito de esos países estaba en la política geoestratégica de Estados Unidos de América (EUA) de frenar al gigante socialista chino.

Aprovechar la estrategia de fragmentación productiva fue claramente aceptada por China a fines de los años setenta. Su gobierno consideró "que era necesario aprovechar el hecho de que los países desarrollados estuvieran transfiriendo industrias intensivas en trabajo, tecnológicamente avanzadas, a los países en vías de desarrollo como parte del proceso de globalización" (González y Rueda, 2002: 128). Su política industrial se adecuó a las nuevas condiciones económicas mundiales. En un principio se abrieron cuatro zonas especiales en la costa a la inversión extranjera, después en Shanghai, y posteriormente a casi todo el país. Todo esto acompañado con una política de desarrollo del mercado interno y de una fuerte intervención del Estado. China dio el salto a una industria exportadora y a una economía en franca expansión.

En algunos países de Asia, "además de obtener inversión extranjera directa (IED), tecnología y capacitación para sus recursos humanos y fortalecer sus cadenas de proveedores, han conseguido desarrollar fuertes compañías nacionales que a menudo tienen una presencia global" (CEPAL, 2009: 87). Como es el caso, entre otras industrias, de la automotriz.

En el caso de la India, su crecimiento económico se ha basado en el desarrollo de la industria de tecnología de la información (IT, por sus siglas en inglés)), en especial la industria del software y en algunos servicios a las empresas, esas actividades son de alta productividad y compiten en el mercado mundial. Su camino hacia el crecimiento fue diferente, partió del impulso a los servicios (Rodrik, 2011).

Durante varias décadas la IED mundial se destinó mayoritariamente a los países avanzados. Europa era el gran negocio. Sin embargo, con el surgimiento de China como una economía de mercado y de la India con una poderosa industria del software, las inversiones fluyeron hacia esos países. La crisis de 2008, sacó a la luz que la IED encontraba mayores ventajas en las naciones emergentes.

En 2007, las economías desarrolladas recibieron 1,444 miles de millones de dólares y en 2010, sólo 527 mil millones de dólares, bajaron su participación del 69% al 44.7% en esos mismos años. Mientras los países en desarrollo, a pesar de la crisis, subieron del 27% en 2007 al 47% en 2010. Las naciones más favorecidas con estas inversiones fueron las que componen el BRIC (Brasil, Rusia, India y China), como podemos ver en la gráfica 1.

Este tipo de inversión amplió el número de las empresas maquiladoras filiales de las empresas transnacionales (ETNS), por todo el mundo se fueron extendiendo las plantas ensambladoras. Uno de los mecanismos más utilizados fue la compra de empresas y su conversión en filiales. En 2008, de 300 filiales (no bancarias) adquiridas por las ETNS de EUA, 175 eran compañías ya establecidas en el país huésped. Lo que muestra un cambio de propietario no una creación de nuevas empresas ni un aumento importante del empleo.

Sin embargo, el mercado internacional se amplía, ya que la mayoría de esas empresas en el caso de los países en desarrollo son principalmente plataformas de exportación.

Gráfica 1. Participación en la recepción de IED (%)

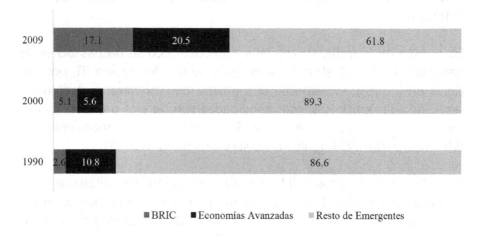

Fuente: Banco de España, Boletín Económico, 2010.

Las ETNS aceleraron sus planes para desplazar una parte de su producción hacia América Latina, el sector automotriz fue uno de los elegidos y los países seleccionados fueron México y Brasil, los cuales se convirtieron en exportadores de automóviles y autopartes, entrando de lleno a la producción del "auto global". Habría que agregar otras industrias que tuvieron el mismo proceso como aparatos eléctricos y electrónicos, aeroespacial, química y confección.

El aumento de las ganancias es uno de los motivos más importantes del traslado de plantas, ya que representa la manera más fácil de reducir costos entre los que se encuentra el costo de la mano de obra, el traslado fue masivo, las maquiladoras se entendieron por casi todos los países del mundo.

Para lograr el objetivo de aplicar la política neoliberal y favorecer a las grandes corporaciones, lo primero que hacían los gobiernos de los países en desarrollo era endeudar a las naciones con problemas por medio de diversos mecanismos, después convencían a los gobiernos de que la instalación de empresas maquiladoras era la forma más rápida y lucrativa de convertir a la industria en exportadora. Lo importante era que los países subdesarrollados abrieran sus fronteras y privatizaran las empresas públicas. Junto con estas medidas se les exigía el pago de la deuda y la aplicación de los pactos de austeridad.

En esta selección de países que hacía las ETNS también contó el tamaño de los mercados, la riqueza de recursos naturales, la firma de acuerdos de libre mercado y el traslado al sector privado de los servicios públicos. Las naciones que cumplían con estos requisitos se convirtieron en el campo de acción de las estrategias de estas empresas.

En suma, la competencia entre las grandes corporaciones y la búsqueda de mayores utilidades y mercados llevó a la fragmentación de la producción, ésta a su vez, condujo a que los insumos que componen un bien final (los bienes intermedios) se universalizaran. "Las estrategias de industrialización no pueden obviar la complementariedad de la producción moderna, ya que la elaboración de bienes resulta de una combinación de insumos tangibles e intangibles provenientes de distintos países. La desintegración productiva implica que el comercio de recursos complementarios forman parte importante del comercio internacional de manufacturas" (Minian, 2004: 17) Sin embargo, los efectos de este traslado no son los mismos en el país sede de las ETNS que en el receptor de esta inversión.

Los países avanzados al trasladar una parte de su producción tienen que importar los insumos producidos en otros países para surtir su mercado interno o exportar. También se hace necesario garantizar el control de la producción fuera de sus fronteras. La maquila responde perfectamente a ese requisito. Ella se acopla a las condiciones impuestas por las ETNS, una parte importante de los bienes o servicios que elabora van destinados a los productos finales. Proceso que se acentúa cuando se trata de la producción modular. Un módulo frecuentemente no se comercializa en el mercado mundial, ya que sólo es útil para determinado producto de consumo final. En esto consiste el comercio intrafirmas.

En el caso de EUA, se observa que casi el 60% de sus importaciones de bienes intermedios corresponden al petróleo y sus derivados. Su enorme dependencia de este energético explica su necesidad de controlar a las naciones con grandes yacimientos de petróleo.

Respecto a los bienes intermedios manufactureros, las ETNS al establecer filiales en otros países para que les surtan de insumos ha privilegiado industrias como la automotriz y la de aparatos eléctricos y electrónicos (IAEE). De ahí que cobre mayor importancia el comercio intrafirma, que no son de hecho importaciones ni exportaciones, sólo transferencia de insumos dentro de la cadena productiva en los cuales se incluye la fabricación de módulos "estándar".

"En la actualidad, una parte del valor del vehículo corresponde a un número reducido de módulos adquiridos a proveedores externos: suspensión, techos interiores, unidades de calefacción, ventilación y aire acondicionado, asientos, tablero de instrumentos y tren de motor (motor, transmisión y ejes). La creación de plataformas globales de producción ha requerido conformar bases globales de proveedores y modificar la estratificación de los productores y sus principales proveedores" (CEPAL, 2009: 89). Cuando los módulos son grandes y difíciles de transportar las empresas de autopartes se establecen cerca de las armadoras. La estructura de la cadena de valor de 2002 y 2015 del sector automotriz se ilustra con la gráfica 2.

Gráfica 2. Estructura de la cadena de valor, 2002-2015

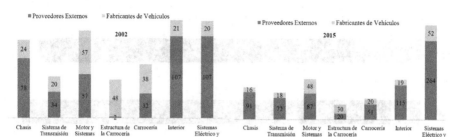

Fuente: CEPAL, Mercer Management Consulting, Fraunhofer Institu e IPA, Future Automotive Industry Structure (FAST), 2004.

Los proveedores externos a la armadora adquieren un lugar cada vez más importante en la fabricación del automóvil. Dentro de estos proveedores, las filiales establecidas en los países emergentes se están convirtiendo en los exportadores más importantes de autopartes, por ejemplo, la industria automotriz norteamericana es importadora neta de autopartes. Este proceso que vemos en esta industria se repite en otras ramas de la manufactura.

Al convertirse los países avanzados en importadores netos de insumos o bienes intermedios, su balanza comercial se vuelve deficitaria y su importancia en el comercio mundial disminuye. Los 7 países más avanzados participaban en 1990 con el 52.25% de las exportaciones mundiales, para 2010 habían bajado al 33.3%. Los países que forman el BRIC y los emergentes han ido desplazando a los avanzados. Una situación muy parecida se presenta en el caso de las importaciones mundiales, en 1990 representaban el 52.7% y en 2010 el 37.5%.

Si consideramos a la totalidad de los países avanzados y a los emergentes la tendencia viene a ser la misma, poco a poco estos últimos ganan terreno en el mercado mundial. El salto de los países emergentes, sobre todo de los asiáticos, se debe al establecimiento de filiales de empresas transnacionales por casi todos los países del mundo, de tal manera que EUA y los demás países avanzados reducen su sector manufacturero e importan los bienes y servicios que necesitan. Tendencia que a la larga ha provocado un proceso de desindustrialización en algunas economías avanzadas.

Gráfica 3. Participación de las importaciones mundiales (%)

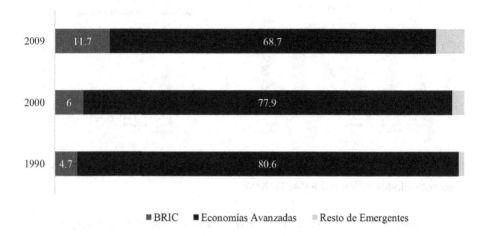

Fuente: WEO, FMI, World Bank.

De 1990 a 2009, los BRIC casi triplicaron sus exportaciones y duplicaron sus importaciones en el mismo periodo, proceso que obedece, al menos en parte, a la estrategia de fragmentar la producción para abaratar costos y con ello adquirir un mejor lugar en la competencia mundial.

En la búsqueda de la ganancia extraordinaria se desarrollan innovaciones tecnológicas acompañadas de una baja generalizada del costo de la mano de obra. Las filiales son las encargadas de cumplir este último objetivo, las matrices de crear las tecnologías de punta. A través de diversos instrumentos las filiales transfieren recursos a sus matrices para que continúen compitiendo en el mercado mundial. Por ejemplo, en América Latina las utilidades no reinvertidas aumentaron "notablemente en los últimos años, hasta alcanzar en 2008 un máximo cercano a 153, 300 millones de dólares, en particular por el incremento de las rentas de inversión directa" (CEPAL, 2011: 52).

De acuerdo con información de Bureau of Economic Analysis (BEA), la inversión extranjera directa de EUA triplicó su monto de 2000 a 2010. Las ganancias en este mismo periodo representaron en promedio el 11% y las reinversiones el 5.4%. La acumulación de capital por la vía de la IED es un factor que fortalece a las empresas transnacionales y que transfiere recursos de todas partes del mundo a las grandes corporaciones.

El impacto que las filiales tienen sobre el crecimiento económico de las naciones donde se establecen depende de la estrategia de desarrollo que siga cada país. Si se invierte en Inglaterra, Alemania o Noruega y en industrias de alta tecnología, la mayoría de los bienes producidos se comercializarán en el mercado interno, de esa manera impulsan sobre todo la economía del país huésped.

En el caso de los países en desarrollo, el impacto es menor porque la inversión está pensada como plataforma de exportación, para que se logre un impacto mayor es necesario que los países receptores lleven a cabo una política que promueva la industrialización, como fue el caso de Corea, Taiwán, China y la India. Si se opta por filiales sólo exportadoras y de ensamble, las economías no lograran despegar industrialmente, para que lo hagan se requiere de una política que combine el proteccionismo con medidas exportadoras con una amplia intervención del Estado. Tal parece que las corrientes que proponen volver la vista al keynesianismo y a la mayor intervención del Estado tratan de abrirse paso, lo cual representaría un alivio temporal para las economías, pero no alejaría lo inevitable de las crisis.

El último elemento que tomaremos en cuenta para mostrar que el simple establecimiento de las filiales no impulsa el crecimiento económico, es el valor agregado generado por las filiales de EUA en el exterior. Su contribución al PIB de cada país (61 países) fue apenas del 2.7% en 2008. Según información de la BEA, durante los años de crisis se observa un mayor crecimiento del valor agregado de las filiales de EUA que de sus matrices. Por ejemplo, en 2007, el valor agregado, a precios corrientes, de las ETNS y sus filiales aumentó 4.5%; si separamos los dos tipos de empresas las cosas cambian, tenemos que el valor agregado de la primera sólo aumentó 2.0% y el de las filiales 11.6%. Importantes datos, ya que el valor agregado mide la contribución de estas compañías al producto interno bruto del país sede (Barefoot y Mataloni, 2009: 63). En 2008, el valor agregado (precios corrientes) de las empresas matrices decrece 6% y el de las filiales en el extranjero aumenta 9.1%. Con respecto al empleo, éste decreció 1.5% en las empresas matrices y aumentó 1.9% en las filiales.

Las grandes contribuciones de las filiales extranjeras a la economía de EUA le permite aumentar su productividad y por tanto la competitividad en el mercado mundial. Según esta misma fuente, "las empresas multinacionales que operan en muchos países tuvieron una más alta productividad del trabajo que aquellas con operaciones en un solo país. Las matrices de EUA con filiales en el extranjero en 10 o más países tuvieron un valor agregado promedio de 154,000 dólares por empleado, comparado con el promedio de 100, 000 dólares de las empresas matrices con una sola afiliada en el extranjero". Lo que representa mayores ganancias para las empresas matrices y les impone la necesidad de expandirse por todo el mundo. (Barefoot y Mataroni, 2009: 208) (Traducción propia).

De acuerdo con la información anterior, la contribución de las filiales de empresas transnacionales a la economía de los países huéspedes es relativamente pequeña. Mientras las contribuciones de las filiales a la economía de EUA son más grandes debido a la transferencia de utilidades y a la disminución del costo de producción vía mano de obra barata. Esta relación desigual es uno de los factores que impide que las filiales tengan un impacto importante en las economías de los países donde están establecidas.

Cuadro 1. Valor agregado de la filiales en algunos países de América Latina de las ETNS como porcentaje del PIB del país huésped

Países	2007	2008
Honduras	2.6	4.6
Chile	7.6	4.5
Argentina	4.1	4.1
Costa Rica	4.9	4
Perú	4.5	3.1
México	3	2.8
Colombia	2.5	2.5
Brasil	2.4	2.5
Venezuela	2.3	1.8
Ecuador	1.7	1.6

Fuente: BEA, US Multinational Companies. Operation in United States and Abroad in 2008.

Según el cuadro 1, el impacto del valor agregado de las filiales es mayor en los países con las economías más abiertas y pequeñas. En el caso de las economías más fuertes como Brasil y México, su impacto es menor, lo que significa que la fuerza económica principal sigue estando en su mercado interno, no en la manufactura de ensamble para exportación. En uno u otro caso, la estrategia seguida por las ETNs hace que sus filiales no estén diseñadas para generar un efecto multiplicador en los países receptores como lo ha mostrado por varias décadas la economía mexicana. Un ejemplo de este fenómeno, se tiene en el caso de la industria automotriz, que siendo exportadora, con tecnología de punta y mano de obra barata no logra fomentar el crecimiento de otras ramas industriales.

El otro ejemplo lo constituye la industria de aparatos eléctricos y electrónicos. Su creación formó parte de un plan de atracción de la inversión extranjera directa (IED) a un sector de alta tecnología. El Tratado de Libre Comercio de América del Norte (TLCAN) favoreció el establecimiento de las ETNS del ramo, con ello se esperaba no sólo exportar esos bienes e insumos, sino establecer una cadena de proveedores de firmas mexicanas. Sin embargo, para el año 2000, algunas de las principales corporaciones decidieron abandonar el país (especialmente Guadalajara) e irse a China. Algunas de las firmas que se quedaron continuaron como plataformas de exportación.

La industria automotriz factor de impulso al crecimiento económico. Especialización y centralización productiva

La complejidad tecnológica en la fabricación del automóvil conlleva una cadena de empresas productoras de insumos, energéticos y servicios. Supone, por tanto, un gran dinamismo productivo que arrastra detrás de si a industrias y negocios. Sin embargo, en el caso de México no sucede de esa manera, las condiciones favorables del sector automotriz no alcanzan a convertirlo en un promotor del crecimiento industrial.

El fomento al crecimiento económico se ve frenado por las características que predominan en la globalización de la industria automotriz. En primer lugar, el control casi absoluto de las ETNS sobre la cadena productiva y comercializadora. En otras palabras, estas empresas deciden en qué países se produce cada modelo, bajo que proceso productivo, con que tecnología y hacia qué mercado será comercializado. Su proceso de expansión la ha llevado a la especialización y a convertirse en una de las ramas más centralizadas del mundo. En 1980, había 30 grandes empresas automotrices competidoras en el mercado mundial para 2000 bajaron a 13 y se espera que en 2015 bajen a 10 (CEPAL, 2010: 102). En 2008, las 10 mayores empresas concentraban el 70% de la producción mundial y en 2010 se elevó al 74.3%.

La centralización va acompañada de la especialización dando como resultado que las ETNS controlen la producción mundial, abaraten costos y aumenten sus utilidades. La especialización de los países en la producción de solo cierto tipo de vehículos contribuye a elevar las ganancias, por ello es una práctica muy socorrida, en las etapas de crisis, por las grandes empresas.

En los primeros años del Tratado Libre Comercio de América del Norte (TLCAN), México fue especializado en la producción de automóviles de tamaño mediano y grande, o sea de camionetas, vehículos todoterreno y otros que se exportaban al mercado estadounidense. Cuando este tipo de vehículos disminuyeron su demanda debido al aumento del precio del petróleo, las ETNS decidieron cambiar y optaron por los automóviles compactos y ligeros, que en 2009 representaban el 66% de la producción destinada al mercado mundial.

En suma, la especialización depende de la competencia en el mercado mundial y de los intereses de las ETNS, los cuales a su vez dependen de la obtención de mayores ganancias y del abaratamiento de los costos. De ahí que se traslade a México la fase de ensamble donde se requiere un gran número de trabajadores.

La centralización productiva en la industria automotriz se ha acentuado a partir de los años noventa debido al descenso de las ganancias de las ETNs. Las armadoras estadounidenses y europeas encontraron en las fusiones y alianzas estratégicas una forma de paliar la caída de sus utilidades. Los países emergentes vieron la oportunidad de entrar a este mercado de fusiones y adquisiciones y compraron varias empresas. Por ejemplo, en 2010, la empresa

Zhejiang Geely de China compró el 100% de la Volvo, por la cual pagó 1,800 millones de dólares. La empresa Tata Motors Ltd de la India adquirió en 2008 a la empresa Jaguar/Land Rover de Gran Bretaña, por la cantidad de 2, 300 millones de dólares.

Los impactos de está centralización nos lleva a preguntarnos cuántas empresas globales sobrevivirán a esta crisis. En un futuro no muy lejano, la producción mundial estará dirigida por 10 o menos ETNS, de las cuales desconoceremos el país de que provienen pero continuarán siendo el súper poder ante el cual todos los países se someten y los Estados se rinden.

A su vez, la especialización productiva, desde hace varios años, muestra una nueva división del trabajo. Los países emergentes están siendo los productores manufactureros y los avanzados los innovadores, los especializados en servicios de tecnologías de punta. El descenso de la economía estadounidense y europea permite observar que esta tendencia no podrá mantenerse por mucho tiempo, las inversiones en I&D están creciendo en los países emergentes, en especial en los asiáticos. Sin embargo, son todavía las ETNS las que invierten en las tecnologías de punta y en las innovaciones.

Dos indicadores ejemplifican este proceso en el sector automotriz de EUA, la disminución de la mano de obra ocupada (en 1990 era de 2.1 millones y bajó a 1.4 millones de personas en 2010) y el comportamiento de la I&D en los países avanzados y en los países emergentes. Los gastos en I&D de las filiales de EUA aumentaron de 2007 a 2008 en 7.4%, mientras que las matrices decrecieron –2.2%. Los aumentos más pronunciados estuvieron en Holanda en la industria química, en la India en la fabricación de aparatos electrónicos y de computación, además de los servicios profesionales, científicos y técnicos. En América Latina, Brasil ocupó el primer lugar y las inversiones se dirigieron principalmente al sector automotriz. En México, las ETNS de EUA aumentaron sus gastos en I&D en sólo 8.6% de 2007 a 2008. Una parte de esa inversión se canalizó a las empresas localizadas en la industria productora de equipo de transporte. En 2008, el total de la inversión en I&D de las empresas transnacionales a sus filiales fue de 329 millones de dólares, de los cuales a la industria automotriz se destinaron 169 millones de dólares, el 51.3%. (Barefoot y Mataloni, 2010 y National Science Foundation 2012).

En resumen, en la primera década del siglo XXI, México se consolidó como país exportador de aparatos eléctricos y electrónicos y de automóviles y sus partes. Por ejemplo, en 1997 las exportaciones de ambas industrias representaban el 51% del total de las exportaciones manufactureras y en 2001 bajaron al 48.5% y se recuperaron en 2011 al 51% otra vez. Es decir, dos industrias venden al exterior más del 50% del total de las exportaciones del sector manufacturero, si a esto se agrega, que la mayoría de los fabricantes (maquiladoras) son ETNS, queda claro quiénes son los beneficiados con el modelo exportador. Por ejemplo, de 1985 a 1997, se encontró que el número de empresas electrónicas nacionales había declinado en 71%, las cuales en la actualidad surten un rango muy limitado de insumos a las ETNS. (Gallagher y Zarsky, 2007).

Las exportaciones del sector automotriz en México. ¿Autopartes y vehículos?

La política de apertura de fronteras y la conversión de las ETNS en exportadoras al mercado mundial en vez de productoras para el mercado interno posicionaron a México como un gran productor de automóviles. Se afirma que 1% de la población está relacionada con esta industria. El impulso ha sido tan grande que ocupa el 5° lugar en las exportaciones mundiales y el 8° en la producción mundial. (Reforma, 24/047/2012). Sus exportaciones representaban en 2011 el 23% del total. Sin duda es un éxito para la política neoliberal haber convertido al sector automotriz en una plataforma de exportación de bienes de alto y medio nivel tecnológico.

Sin embargo, este éxito tiene un escaso impacto en el resto de las ramas industriales, lo que ha ocasionado un estancamiento de la manufactura por casi 30 años, de 1981 a 2010 la tasa de crecimiento promedio anual fue de 1.9% a diferencia de otros países como China, Corea del Sur y Brasil que han logrado la expansión de su sector industrial.

Los países alcanzaron el éxito impulsando el establecimiento de ETNS, pero lo hicieron por la vía de combinar la apertura de fronteras, el proteccionismo y el fortalecimiento del mercado interno. Las empresas eran bien recibidas siempre y cuando aceptaran asociarse con proveedores y armadoras nacionales y que una parte de sus ganancias las invirtieran en el país receptor.

En el caso de México, la liberación del capital extranjero fue impuesta por el FMI y el BM después de la catástrofe económica de 1982. A las grandes empresas automotrices no les interesa el proceso de industrialización de México, les interesa la obtención de ganancias. Si quieren obtenerse buenos resultados en el dinamismo industrial es necesario que dentro de los principios básicos de la política económica esté presente el fortalecimiento del sector manufacturero y esto solo puede llevarse a cabo con una decidida intervención del Estado, estos asuntos tan importantes no pueden dejarse a las libres fuerzas del mercado. Los ejemplos de países que reconvirtieron su industria y en la actualidad son economías emergentes de alto crecimiento y abundantes exportaciones tuvieron que recurrir a políticas proteccionistas y apoyo del Estado.

La crisis actual nos muestra que la política de apertura total de fronteras y desregulación del Estado fue hecha para favorecer las ganancias de las ETNS, ellas han sido las únicas beneficiadas. En cambio los países que se negaron a seguir las recomendaciones del Consenso de Washington son los que verdaderamente han despegado en el campo de la industria.

En el caso de los países subdesarrollados, "la intervención del Estado es indispensable para ayudar a la rápida formación de capital, de otra manera no logran entrar a la fase del proceso de industrialización" (Mattick, 1979: 322). Las fallas del mercado significan que el capitalismo no funciona bien, que la acumulación de capital no está creciendo al ritmo que la economía necesita y por tanto sus contradicciones internas lo llevan inevitablemente a la crisis económica, y el único instrumento que se tiene para aminorar ciertos efectos de la crisis es una mayor intervención del Estado. Dicha intervención si bien puede ser efectiva por un tiempo a la larga solo preparará el camino para que la siguiente crisis se presente con más fuerza.

En ambos casos el papel económico del Estado es clave y tiene como función apoyar la industrialización y en épocas de crisis evitar que se prolonguen y aminorar sus efectos. Las políticas seguidas en la crisis actual por el G-7, sólo llevarán al empobrecimiento de los pueblos de casi todos los países y al fortalecimiento de unas cuantas ETNS, junto con la recomposición geoeconómica del mundo.

Exportaciones e importaciones automotrices

El TLCAN y la no intervención del Estado en la economía provocó que la industria mexicana se viniera abajo, muchas de las empresas que surtían el mercado interno, en especial las pequeñas y medianas, quebraron al no poder competir con los bienes importados, las cadenas productivas se rompieron, las empresas públicas se privatizaron y se fortalecieron las ETNS. El resultado de este proceso fue un decrecimiento industrial y su transformación en un sector especializado en bienes de exportación y con escasa participación en el mercado interno. Las consecuencias de esta política fueron catastróficas para el país. (Véase gráfica 4).

En el caso de México, la especialización se realizó en dos ramas, la automotriz y la de aparatos eléctricos y electrónicos. En la primera, la inversión extranjera se canalizó hacia el sector automotriz, se introdujeron tecnologías de punta y se transformaron los métodos de producción y de organización del trabajo. La mayor IED estaba estrechamente relacionada con el aumento de las exportaciones y las importaciones. Para fabricar un automóvil se importa al alrededor del 65% de las autopartes y para fabricar las autopartes hay que importar cerca del 75% de sus componentes. Por ello, no es erróneo considerar a las filiales automotrices como empresas maquiladoras.

México había aumentado sus exportaciones manufactureras dejando atrás, se decía, la fase en que prevalecía en las ventas al exterior las materias primas. Había cumplido con los principios del neoliberalismo convertir a la industria en un sector capaz de competir en el mercado mundial. No todas las ramas estaban en condiciones de exportar sólo podían hacerlo aquéllas cuyo éxito dependía de la inversión extranjera y de las estrategias de las empresas transnacionales.

La participación de las exportaciones manufactureras como porcentaje de las totales fueron de 79.6% en 2011, la materia primas agropecuarias apenas representaron el 3% y el petróleo, la más importante de ellas, el 17%. Sin embargo, ser país exportador de bienes manufacturados no es garantía de crecimiento económico ni de mejor nivel de la población. Países como Brasil, Perú y Argentina son exportadores principalmente de materias primas y han elevado su tasa de crecimiento, dinamizado su mercado interno y reducido la pobreza. En el caso de Brasil, el destino de sus exportaciones se ha diversificado, en la actualidad se dirigen a China, quién demanda grandes volúmenes de materias primas. Si continúa la dependencia hacia esta nación, es probable que Brasil y otros países sudamericanos vean disminuidas sus ventas si China baja su ritmo de crecimiento.

Gráfica 4. Variación Anual del PIB Total y PIB Manufacturero (precios 2003)

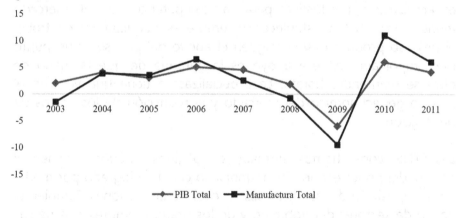

Fuente: INEGI, Sistema de Cuentas Nacionales, 2012.

La clave de todo este panorama tan difícil para los países en desarrollo tendrá que venir de políticas que fomenten los procesos de industrialización basados en las tecnologías de punta, no es necesario recorrer el camino seguido por los ahora países avanzados, existen todas las posibilidades para dar ese salto pero la oposición más fuerte viene de las ETNS.

"Es bastante obvio que las partes del mundo industrialmente avanzadas poseen los medios para industrializar las regiones subdesarrolladas en un tiempo bastante corto y eliminar la pobreza casi inmediatamente sólo con dirigir los gastos de producción de desperdicio hacia canales productivos. Pero todavía no se vislumbran fuerzas sociales que quieran realizar esta oportunidad y traer así al mundo paz y tranquilidad" (Mattick, 1978: 324).

A pesar de los avances en las exportaciones mexicanas desde los años noventa del siglo XX, la economía ha permanecido prácticamente estancada, por ejemplo de 2003 a 2011 el PIB manufacturero creció a una tasa media anual de 2.1%, en el mismo periodo el PIB lo hizo en 2.3%, a todas luces un crecimiento incapaz de crear los empleos que la sociedad necesita, de ampliar el mercado interno y de mejorar el nivel de vida de la población.

Las causas de que la economía permaneciera estancada durante tanto tiempo están en el control que tienen las ETNS de las industrias más dinámicas y exportadoras, y en las ventajas que ofrece la especialización productiva para la competencia en el mercado mundial. Las ETNS al establecer sus empresas maquiladoras controlan el proceso productivo y consiguen el apoyo del país sede; un punto muy importante de ese apoyo es la garantía de que la mano de obra se mantendrá barata. La especialización tiene que ver con el reparto geoeconómico del mercado y la reducción de los costos de producción.

Las ETNS, como hemos afirmado en páginas anteriores, tienen el control del poder económico mundial, lo cual han logrado por medio de la imposición de sus intereses al resto de las naciones. También el apoyo de sectores del gobierno y de los grandes empresarios de sus países. Los directores y gerentes de las ETNS han ocupado puestos de gran importancia en el gobierno, pasan de un puesto en la iniciativa privada a otro en el gobierno. Han conformado una clase política en que la distinción entre los intereses de unos y otros es casi imposible de separar.

En su libro Manipulados, John Perkins (2010) señala que esta nueva clase política, la cual llama *corporatocracia*, podría ser ejemplificada por Michael Bloomberg, que fue socio de Salomón Brothers y después alcalde de Nueva York, dos veces, y está considerado uno de los 10 hombres más ricos del mundo. Esta persona, "es el arquetipo del ejecutivo que practica la «puerta giratoria», una de esas personas poderosas como los ex secretarios del Tesoro Robert Rubin y Hank Paulson que van y vienen entre empresas, Gobierno y banca, y en el proceso se aseguran de que sus intereses sean siempre atendidos, a pesar de los efectos que ello pueda tener sobre la economía general" (Perkins, 2010: 103).

La otra gran causa del estancamiento de la economía de México, la especialización productiva se relaciona con la fragmentación de la producción llevada a cabo por las ETNS. Se tomarán como ejemplo por la importancia que tienen en el sector manufacturero: la industria automotriz y la de aparatos eléctricos y electrónicos, ambas exportadoras, con altas tasas de crecimiento y dominadas casi en su totalidad por las ETNS, como veremos más adelante.

Según la CEPAL, el modelo de especialización seguido por México respecto a la industria automotriz se puede sintetizar en "producir para exportar e importar para vender en el mercado interno". En términos generales estamos de acuerdo con esta caracterización, sólo habría que hacer dos aclaraciones, este modelo no lo adoptó México sino que fue impuesto por las ETNS, y la otra, es que los autos exportados son elaborados con insumos importados en aproximadamente un 60%. Tanto en la fabricación de automóviles como en la de autopartes predominan las ETNS e importan la mayoría de los insumos que requieren. El panorama es aún menos alentador del que maneja la CEPAL (CEPAL, 2010: 148).

En 2011, de la producción total de automóviles, el 83% se destinaba a la exportación y de ésta, 4 ETNS (Ford, General Motors, Nissan y VW) participaban con el 81%, las ventas al exterior son exclusivamente asunto de empresas extranjeras. Las ventas al mercado interno también están dominadas por unas cuantas empresas. En el mismo año, la Nissan, General Motors y VW representaban el 89.1% de las ventas al mercado interno.

En vista de que la producción interna apenas alcanza a surtir el 47% del mercado interno, más del 50% se tuvo que importar. Lo cual confirma la debilidad de esta industria y lo equivocado de la estrategia del gobierno mexicano de abandonar más de la mitad del mercado interno a los automóviles importados por las grandes armadoras. El modelo exportador es al mismo tiempo de alta importación, por eso se le considera de ensamble o maquila. A las únicas que les conviene una política así es a las ETNS.

Gráfica 5. Porcentaje de Autopartes Importadas respecto de los Vehículos Exportados (México)

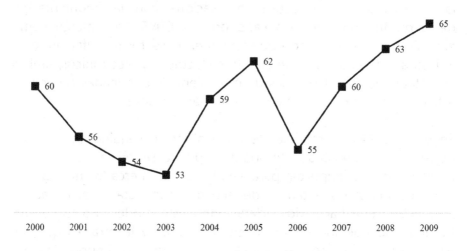

Fuente: On the Road: US Automotive Parts Indusstrry. Annual Assessment Departament of Commerce, US. International Trade Administration, 2010.

Como vemos en la gráfica 5, los automóviles exportados por las ETNS de EUA tenían un 65% de autopartes importadas, provocando la falta de proveedores nacionales que surtan esa demanda y con ello el rompimiento de las cadenas productivas. Los intentos que se han hecho para crear una cadena de proveedores han fallado por la falta de un plan de apoyo que incorpore nuevas empresas, que a su vez demanden insumos de otras, y así se formaría una cadena productiva que impulse el crecimiento del sector manufacturero y de la economía en general.

En síntesis, la conversión de México en país exportador lo podemos observar en el alto porcentaje que representan los bienes manufacturados del total de las ventas al exterior, el 80% en 2011. Sin embargo, durante la primera década del siglo XXI, tuvo participaciones más elevadas, en 2003 llegó al 85.4% del total. También el crecimiento de las exportaciones fue elevado ya que de 2003 a 2011 tuvo una tasa anual promedio de 8%.

En la gráfica 6, se muestra cómo está integrado el crecimiento de las exportaciones automotrices y el de las manufactura, ambas crecen de manera paralela. El mismo fenómeno lo encontramos en el caso de las exportaciones de la IAEE.

Las altas tasas de crecimiento de las exportaciones e importaciones de productos de alta y media tecnología sobre todo al mercado estadounidense, muestran claramente que la industria mexicana será incapaz de ampliar el mercado interno, sino desarrolla sus cadenas de proveedores nacionales. No puede sostenerse un crecimiento sano si para surtir la demanda interna se tiene que importar insumos, alimentos y otro tipo de bienes. Tampoco es recomendable que más del 80% del comercio exterior se realice a con el mercado de EUA. De esa manera, el impulso que pueden dar las industrias exportadoras AL crecimiento económico será raquítico.

Gráfica 6. Crecimiento de las Exportaciones de la Industria Automotriz y Manufactureras

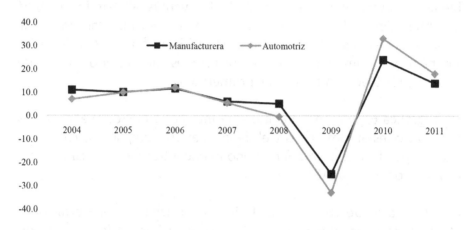

Fuente: Secrtearía de Economía. Dirección General de Inversión Extranjera.

Exportaciones e importaciones de aparatos eléctricos y electrónicos

La industria de aparatos eléctricos y electrónicos se caracteriza por ser una rama donde predominan las empresas maquiladoras de exportación. Se importan casi todos los insumos y se realizan sólo algunas fases del proceso productivo. Su balanza comercial es negativa, y a partir de la crisis actual su participación dentro de las exportaciones manufactureras ha ido decreciendo, en 2011 fue de 23% mientras que en 2008 era del 45%. Se considera que sólo el 5% de insumos, partes y componentes son de origen nacional, su dependencia de las importaciones es casi total, lo que generó la economía de enclave y posteriormente la conformación del clúster de la electrónica.

A pesar, de las ventajas otorgadas a las firmas electrónicas por el Gobierno de México, la entrada de China a la Organización Mundial de Comercio (OMC) provocó que las principales ETNS prefirieran trasladar sus plantas a China, la India y otros países.

También el descenso del consumo de las familias de este tipo de bienes las ha afectado, mientras que aumentaron en los últimos dos años la demanda de automóviles. Por ejemplo, las exportaciones de televisores de representar en 2009 el 7.9% del total bajaron en 2011 al 5.4%, en cambio los automóviles, en ese mismo lapso, subieron del 6.6% al 7.7%.

Gráfica 7. Porcentaje de Participación de las Exportaciones de Aparatos Eléctricos y Electrónicos respecto a la Manufactura

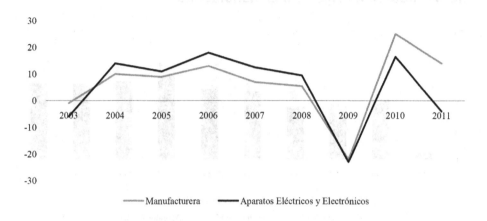

Fuente: Informes Anuales del Banco de México.

En la gráfica 7, observamos que la industria de aparatos eléctricos tiene el mismo comportamiento que la automotriz, salvo los dos últimos dos años. En ambas existe una relación directa entre ambos sectores, lo que las convierte en los sectores más importantes para el comercio exterior de México, exceptuando el petróleo, si la política económica está basada en la exportación de bienes manufacturados, la situación económica del país depende del crecimiento y la inversión que decidan las ETNS en esas industrias.

La especialización productiva consecuencia de la aplicación de las políticas neoliberales ha llevado también a la desindustrialización, la cual no tendría por qué presentarse en México debido a que no ha completado su proceso de industrialización. Fruto de todo esto fue un monstruo llamado manufactura orientada a la exportación, incapaz de corregir los errores del modelo de sustitución de importaciones y sobre todo de impulsar el dinamismo industrial vía crecimiento del mercado interno.

Las transformaciones sufridas en el sector manufacturero se evidencian en el control de las ETNS de las industrias exportadoras y por consecuencia del resto de la producción. Véase la gráfica siguiente.

Gráfica 8. Especialización de la Industria. Participación Porcentual de la Producción respecto a la Manufactura

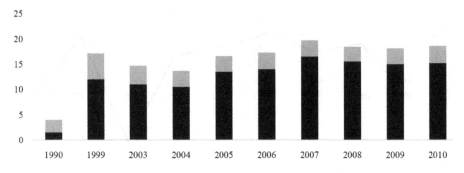

■ Fabricación de Equipo de Cómputo y Electrónico

▨ Fabricació de Equipo de Generación Eléctrica y Aparatos Eléctricos

Fuente: INEGI, Sistema de Cuentas Nacionales.

En el caso de la industria de aparatos eléctricos y electrónicos (IAEE), la apertura, el TLCAN y las estrategias de las ETNS llevaron a que la rama que produce equipo y aparatos eléctricos se estancara, mientras la electrónica y de electrodomésticos creciera.

Inversión extranjera directa en la automotriz y en la de aparatos eléctricos y electrónicos

Como mencionábamos en páginas anteriores, estas ramas "exitosas" se encuentran controladas por empresas transnacionales, su crecimiento y exportaciones dependen de las inversiones realizadas y de las utilidades obtenidas. Las decisiones al respecto se toman fuera del país y obedecen a los criterios globales de las ETNs, así que cuando crecen las inversiones en cierto tipo de ramas industriales, los intereses económicos de la sociedad mexicana es lo último que se toma en cuenta. Esto no es nada nuevo, ha existido desde que el capitalismo se instaló como sistema dominante, lo que sucede en la actualidad es la subordinación de la economía mundial a los intereses de estas corporaciones y México no es la excepción. En nuestro país, dichas empresas controlan las principales ramas industriales, el sistema financiero, el comercio al menudeo y al mayoreo y los negocios más lucrativos del sector servicios. Según un estudio de la ONU, México es la economía más monopolizada a nivel mundial (Sharma, 2012).

La crisis actual afectó a la IED canalizada a las dos industrias exitosas señaladas, sin embargo, la industria más perjudicada fue la automotriz, tuvieron grandes pérdidas las ETNs más poderosas como la General Motors, Ford y Chrysler, sin olvidar a la Toyota de Japón. Estás pérdidas en las ganancias, el endeudamiento en que cayeron, la baja en sus ventas y el rescate que hizo el gobierno de EUA de la GM (la más grande todas), implica que estas empresas están reestructurando sus estrategias con el objeto de continuar con su control sobre el mercado mundial del automóvil. Además de que enfrentan nuevos contrincantes surgidos de los países emergentes como China y la India.

La General Motors cuya estrategia de abaratamiento de costos estaba sostenida en la fragmentación de la producción, parece que está repensando esa política, al menos para México, ya que las inversiones proyectadas para 2012 apenas llegan a 400 millones de dólares, mientras que otras empresas han aumentado sus inversiones. Por ejemplo, la Volkswagen/Audi proyecta invertir 2,000 millones de dólares para construir una planta de camionetas en Silao, Guanajuato; Nissan/Renault también 2,000 millones de dólares para una planta en Aguascalientes; Ford invertirá 1,300 millones de dólares para ampliar su planta de estampado y ensamble de Hermosillo, Sonora y hacer ajustes en la fabricación del nuevo Fusion y el Lincoln; y un nuevo inversionista Honda con 800 millones de dólares.

El objetivo de todas estas inversiones es competir en el mercado estadounidense que calculan empieza a recuperarse, al menos en lo correspondiente al sector de automóviles. Según la evaluación del costo de la manufactura en 2005 y 2010 que realizó la consultora AlixPartners, en 2005, China era la mejor alternativa para producir y exportar al mercado estadounidense. "En 2010, los resultados favorecieron a México. Si se considera el costo de producir en Estados Unidos como 100%, en México es posible llevar el mismo producto al mercado estadounidense por 75% del costo, mientras que para que un artículo manufacturado en India el costo es de 80% y en China, 87%. El costo de maquilar y transportar un producto desde Brasil resultó 10% mayor que el de EU" (Expansión, 2012: 29). De acuerdo con esta información la perspectiva de que vuelva la IED a crecer en México son muy alentadoras ya que ofrecemos el costo de producción más bajo de esos países mencionados. Debido a que esas diferencias se basan en el descenso del costo de la mano de obra esa ventaja de aumentar la IED parece más una maldición que un bien.

La IED tiene un comportamiento volátil, un año crece de manera notable y el siguiente cae estrepitosamente, así que un buen indicador tendría que ser la tendencia mantenida en un periodo de varios años como vemos en la gráfica 10. Por ejemplo, en 2010 el 100% de la IED del sector automotriz se canalizó a la fabricación de automóviles y al año siguiente sólo el 10.4%. Este comportamiento obedece a los intereses competitivos de las ETNs, en especial de las estadounidenses que han convertido a México en uno de sus proveedores de automóviles y autopartes. En 2009, EUA exportaba a México vehículos automotrices por la cantidad de 2,351 millones de dólares e importaba 18,550 millones de dólares, tenía una balanza de comercial deficitaria.

La industria de aparatos eléctricos y electrónicos (IAEE), como ya habíamos comentado, está compuesta casi en su totalidad por empresas maquiladoras. En 2006 (último año en que aparecen los indicadores sobre las maquiladoras), el 86% de las exportaciones de aparatos eléctricos y electrónicos eran del sector maquilador y de las importaciones el 71% (Informe Anual del Banco de México 2006). Representan un elevado porcentaje dentro del comercio exterior de las manufacturas. A pesar, de carecer de información del sector maquilador por rama desde 2007, el predominio de las maquiladoras es un hecho que no puede ocultarse.

De la IED destinada a la IAEE, dos de sus ramas más importantes la disminuyeron de 2000 a 2010. Por ejemplo, la industria de fabricación de aparatos de uso doméstico bajó de 322 millones de dólares a 75 millones de dólares; y la de aparatos electrónicos y de comunicación se redujo de 652 a 526.3 millones de dólares. Sólo subió la fabricación y ensamble de máquinas de oficina y procesamiento informático de 284 a 594 millones de dólares.

Empresas transnacionales establecidas en México como la IBM, Hewlett, Sony, MABE, Jabil Circuit de México, etcétera están vinculadas con la innovación y la tecnología de punta, de ahí que sus productos se hagan obsoletos sumamente rápido. Las ETNS realizan grandes inversiones en innovaciones tecnológicas porque en este punto está el meollo de la competencia en el mercado mundial. Las empresas instaladas en México que son fundamentalmente maquiladoras realizan muy poco desarrollo tecnológico, su tarea es ensamblar partes de los nuevos equipos y aparatos y exportarlos, las patentes pertenecen a las grandes empresas. Lo que explica las escasas inversiones destinadas a I&D.

Gráfica 9. Porcentaje de la IED Automotriz y de Aparatos Eléctricos y Electrónicos respecto a la Manufactura

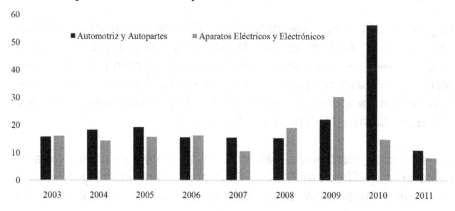

Fuente: Secretaría de Economía. Dirección General de Inversiones Extranjeras.

La gastos en I&D en México siempre han sido muy bajos, la política de comprar la tecnología en vez de crearla, ha sido una práctica común por parte de las empresas mexicanas y extranjeras que operan en el país. Crear tecnología requiere tiempo y capital, los empresarios de nuestro país en aras de recuperar su inversión en el menor tiempo posible importan tecnología y de esa manera obtienen las ganancias más rápidamente. El gobierno prefiere invertir en otras cosas que en investigación científica, en 2011, el gasto en I&D apenas representaba el 0.44% del PIB. Al sector privado le correspondía sólo el 0.19% del PIB en ese mismo año. Las ETNS si bien utilizan la tecnología de punta en la producción de sus filiales no la desarrollan en el país.

Según la CEPAL (2009), del total de proyectos anunciados de IED de 2003 a 2009, "sólo el 3.5% corresponde a proyectos en investigación y desarrollo (0.8% de los montos totales)", las cuales se han destinado sobre todo a Brasil y México.

"En términos sectoriales, los proyectos se concentraron en los sectores de software y tecnologías de la información (44%) y telecomunicaciones (10%). Los sectores farmacéutico, automotor y de semiconductores participan en conjunto con el 20% del total de proyectos" (CEPAL, 2009: 65). En 2011, la mayoría de los proyectos en I&D fueron canalizados a Brasil, especialmente al sector automotriz y de materias primas. Si bien México ocupa el segundo lugar, ha quedado con una amplia diferencia respecto al país sudamericano.

Según la clasificación que maneja la CEPAL sobre el nivel tecnológico de las ramas industriales, la electrónica y computación así como la electrónica de consumo están catalogadas como de alto nivel tecnológico. Las empresas que operan en México son filiales de las grandes corporaciones, en el sector de computación sobresalen, IBM, Microsoft, Safttek, Hildebrando y Sap México.

En el sector electrónico, las más importantes son extranjeras y destacan, Jabil Circuit de México, Flextronics Manufacturing y Celestica Inc México. En el sector de electrónica de consumo, aparecen cuatro empresas, la más importante es MABE, una compañía mexicana que surte al mercado interno e internacional, en segundo lugar está Samsung.

Las industrias exitosas, que como hemos visto se encuentran dominadas por las ETNS, son incapaces de generar un efecto multiplicador sobre el resto de las ramas y sobre la economía, debido sobre todo a la política adoptada de producir para exportar con insumos importados temporalmente, no crea un alto valor agregado (VA). Lo cual se observa si calculamos el porcentaje que éste representa del PIB general y manufacturero. En 2010, por cada peso del PIB manufacturero la industria automotriz sólo aportaba cuatro centavos, la de cómputo y electrónica un centavo y la de aparatos eléctricos aún menos, como se puede ver en la gráfica siguiente.

Gráfica 10. Valor Agregado de Industrias Exitosas como Porcentaje del PIB Manufacturero, 2010

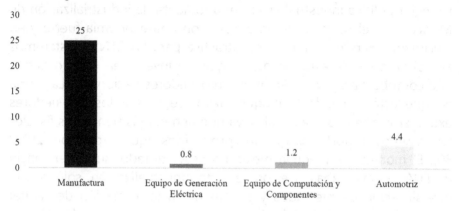

Fuente: INEGI.Sistema de Cuentas Nacionales. 2006-2010.

Consideraciones finales

México ha realizado una política favorable a la IED y por ende a las filiales de ETNS, las ventajas son varias, las más significativas son el bajo costo de la mano de obra, la firma de acuerdos comerciales "con condiciones preferentes para exportar y que también generan beneficios fiscales únicos para la industria maquiladora del país" (Expansión, 2012:29). Además de la construcción de parques industriales, importaciones temporales, créditos fiscales y varios beneficios más.

La clave para que las maquiladoras extranjeras puedan realmente contribuir al impulso del crecimiento industrial está en el cambio del modelo de desarrollo, llevar a cabo una política que contemple la integración de una cadena de proveedores nacionales capaces de surtir a las maquiladoras y a otro tipo de empresas. Esta política tiene que ir acompañada de cierto proteccionismo y programas de planeación enfocados especialmente a fomentar la industrialización de las ramas de alta tecnología. Esto no es una utopía, hay ejemplo de países que la están llevándolo a cabo, el auge de los países emergentes asiáticos es una muestra. Sólo así, dentro del sistema capitalista, podrá haber un proceso de acumulación de capital que aumente el valor agregado y con ello el empleo y las condiciones de vida de la población.

La mejor política industrial es volver a fomentar la industrialización de México para el mercado interno, sólo con una economía fuerte y en crecimiento seremos una nación atractiva para las ETNS y estaremos en condiciones de exigirles que si quieren invertir en México tienen que contribuir a crear la cadena de proveedores nacionales. La forma en que está regulada la maquila favorece más a los proveedores extranjeros que a los nacionales, ya que tienen más beneficios fiscales los insumos importados que los producidos aquí (Expansión, 2012: 30). El modelo de maquila mexicano está agotado, su dependencia de EUA es una traba en el proceso de industrialización, sólo con la diversificación de mercados y el fomento a la formación de capital podrá salir la economía del estancamiento de tres décadas de políticas que solo benefician a las ETNS y a las grandes empresas mexicanas.

Bibliografía

Alarco Tosoni, Germán (2006). Reforma estructural en la integración de la industria maquiladora a la economía mexicana, en Revista Problemas del Desarrollo, vol. 37, no. 145, abril-junio de 2006, 53-80 pp.

Banco de México. [2010], *Informe anual 2009,* México, 135-136.

Barefoot Kevin B y Mataloni, Raymond Jr. (2010). U.S Multinational Companies. Operation in Unites States and Abroad in 2008.

Barefoot Kevin B. y Mataloni, Raymond Jr. (2009). U.S. Multinational Companies Operation in the Unites States and Abroad in 2007. Journal Economic Analysis, vol.88, no. November 2009, p. 63 (63-84).

Basave Kunhardt, Jorge y Gutiérrez- Haces, Teresa [2009]. "Primer ranking de multinacionales mexicanas encuentra una gran diversidad de industrias", *Empresas multinacionales de los mercados emergentes*, Instituto de Investigaciones Económicas. Universidad Nacional Autónoma de México (UNAM) y el Centro Vale de Inversión Internacional Sustentable de la Universidad de Columbia, p.7, diciembre.

Cardoso, V. [2010], "Lograron 47 corporativos del país utilidades por $236 mil millones de pesos", México, *La Jornada*, http://www.jornada.unam.mx/2010/05/11/index.php?section=economia&article=024n1eco, 11 de mayo de 2010.

CEPAL (2009). Inversión Extranjera Directa en América Latina y el Caribe.

CEPAL (2010). Inversión Extranjera Directa en América Latina y el Caribe.

CEPAL (2011). Inversión Extranjera Directa en América Latina y el Caribe.

CEPAL (2011). Inversión Extranjera Directa en América Latina y el Caribe.

Expansión (2012). Se busca: la fábrica del mundo. Núm. 1093, junio 25 de 2012.

González M., y Rueda, I. (2002), "Crecimiento y cambios socioeconómicos en China, 1978-2000", en Problemas del Desarrollo, núm. 128, vol.33..

Gallagher Kevin P and Lyuba Zarsky (2007). The Enclave Economy. Foreign Investment and Sustainable Development in Mexico's Silicon Valley. MIT Press, Cambridge, Massachusetts, Unites States.

Klein, Naomi. La doctrina del shock. El auge del capitalismo del desastre. Editorial Paidós, Barcelona, 2007, 702 pp.

Klein, Naomi. No logo, El poder de las marcas. Ediciones Paidós Ibérica, Barcelona, 2005, 559 pp.

Mattick, Paul (1979). Marx y Keynes. Los límites de la economía mixta. Ediciones ERA, México.

Minian, Isaac.(2004). "Nuevamente sobre la fragmentación internacional de la producción", en Economíaunam. Vol 6, núm. 17. IIEc-FE, año 2004)

National Science Board Science and Engineering Indicators, 2012. National Science Foundation).

Perkins, John (2010). Manipulados. Tendencias Editores, Barcelona

Rodrik, Dani (2011). El imperativo manufacturero. Project Syndicate, 08/10/2011, www.project-syndicate.org-.

Sharma, Rachid (2012) Breakout Nations: In Pursuit of the Next Economic Miracles. Pengin Publishers, Estados Unidos. 292 pp.

CAPITULO III

La industria siderúrgica mexicana frente a la competencia China

Salvador Corrales Corrales
Profesor-Investigador
Departamento de Estudios Económicos
Colegio de la Frontera Norte
Investigador Nacional-CONACYT (SNI Nivel I)

Introducción

Desde el 2006 las exportaciones siderúrgicas chinas superaron a sus importaciones, generando señales que su economía no puede seguir creciendo con base en su mercado interno, y siguiendo la misma trayectoria de las economías japonesa y surcoreana en las décadas de los sesenta y ochenta respectivamente. Especialistas de la OCDE vieron desde el 2004 este riesgo para la industria siderúrgica occidental, porque China quitó el freno a su producción hasta convertirse en la principal productora de acero del mundo.

La época en que estos hechos ocurren coinciden con una creciente liberalización de las economías y con el ingreso de China a la Organización Mundial del Comercio (OMC), que ofrece ventajas vía reducción arancelaria para sus productos allende la fronteras. La entrada de China a la OMC al mismo tiempo que sostiene su moneda subvaluada ha motivado una queja generalizada por prácticas desleales de comercio vía subsidios y discriminación de precios, para penetrar los distintos mercados del mundo.

Desde el 2005 China se convierte en el principal proveedor de productos siderúrgicos en el Mercado Americano, poniendo en jaque intereses de empresas americanas, canadienses y mexicanas que habían gozado de privilegios tanto por la cercanía, las preferencias arancelarias vía el Tratado de Libre Mercado de América del Norte (TLCAN), los fuertes nexos inter-empresariales consolidados por años. En suma, la competencia contra China por ese mercado, ha desatados controversias entre especialistas y economistas de distintas partes del mundo. Para muchos es inconcebible que a pesar de la distancia, China se encuentra presente con un gran comercio compuesto desde equipo electrónico de quinta generación, hasta productos siderúrgicos de bajo valor agregado.

No obstante los crecientes costos del transporte para colocar sus productos en el mercado americano, los chinos cuentas con ventajas en costos salariales y una producción en masa que no tiene comparación con sus competidores de América Latina. Si bien la distancia es una variable absoluta, pueden compensarse sus efectos sobre el nivel de ganancias por la vía de producir a costos más bajos. Otras variables tal como la capacidad de gestión de sus ejecutivos y fuertes redes que fomentan el comercio intra-firma, han colocado a China en una posición de ventaja y está propiciando el desplazamiento de muchos productos manufacturados mexicanos en Estados Unidos.

Este ensayo resume el estado que guarda el mercado de los productos siderúrgicos en ese mercado; aún cuando se analiza desde su comercio exterior, tiene como objetivo general buscar una explicación del impacto de la competencia China sobre la industria manufacturera mexicana. Por tal motivo, un primer apartado consistirá en revisar el sector manufacturero para identificar sus tendencias, el segundo apartado hará un resumen de la industria siderúrgica, un cuarto apartado evaluará el comercio exterior para identificar el desplazamiento de las manufacturas mexicanas por chinas y un cuarto apartado, consistirá en la búsqueda de explicaciones que incluya redes, competencia en costos de transporte, ventajas salariales, etc.

La industria manufacturera mexicana desde la crisis de 1995

Un análisis de la actividad industrial y su sector manufacturero en México tiene que hacerse desde la crisis de 1995, por la larga tarea para recomponer la economía nacional con los procesos de reestructuración industrial introducidos desde mediados de la década de los ochenta, que simbolizó el cierre de Fundidora Monterrey, S. A. en 1985. Varios autores reconocen (Dussel, 1997; Villareal, 2000) que los efectos del cambio macroeconómico y de recuperación producto de la reestructuración en varios frentes, se habían alcanzado en 1993 y no había la necesidad de sostener un peso sobrevaluado al 40%, convirtiéndose en un desincentivo para exportadores mexicanos.

En efecto, durante los primeros cinco años de la década de los noventa se logra cambiar radicalmente la estructura de la economía nacional, cuyo contenido consistió en hacer del comercio exterior la fuente del crecimiento económico, y fue acompañado de una serie de políticas de apertura a la inversión extranjera directa, de control de la inflación, reducción del déficit del sector público, una importante reducción de los aranceles al firmar el Tratado de Libre Comercio con Estados Unidos y Canadá, entre otros. Para fomentar las exportaciones se crearon varios programas como fueron el Programa de Importaciones Temporales (PITEX) creado en 1985 y regulado por decreto en 1991 que permitió a exportadores no petroleros importar mercancías sin el pago de aranceles (Dussel, 1997:184).

También entró en vigencia por esa época el Programa para las Empresas Altamente Exportadoras (ALTEX), para facilitar la declaración del impuesto al valor agregado, así como la facilitación aduanera, información comercial, entre otros beneficios para impulsar las exportaciones y en la misma dirección, se creó el programa *Drawback* para la devolución de impuestos de importación para exportadores. Enrique Dussel (1997) indica que estos programas fueron un fracaso como mecanismo de fomento a las exportaciones porque concentraron los recursos en unos cuantos sectores; pero además, y según los propios industriales, dichos programas necesitaron de mucha más coordinación entre las secretarías que fomentan el comercio exterior.

Para el éxito de estos programas debieron tomarse en cuenta la creciente competencia internacional, el crecimiento de los mercados informales, el potencial disminuido de las empresas del Estado para incrementar la demanda interna, la sobrevaluación del peso frente al dólar, así como las alta tasas de interés, que actuaron en contra del sector manufacturero mexicano años previos a la crisis de 1995 (Dussel, 1997: 186). Durante todos estos años las diversas instituciones de apoyo a la industria manufacturera hicieron enconados esfuerzos por impulsar el crecimiento de dicho sector, sin mucho éxito. La industria siderúrgica mexicana se vio beneficiada por estos programas sólo parcialmente cuando las exportaciones lograron un crecimiento importante, como lo fue posterior a la crisis, cuando el mercado interno se contrajo.

Por el contrario, la industria automotriz, la computación y la farmacéutica, contaron con sus propios programas de desarrollo tanto para exportar como para hacer investigación y desarrollo dada su pertenencia a grandes transnacionales (Dussel, 1997: 182). La industria siderúrgica, que en su mayor porcentaje pertenecía al Estado, fue privatizada y dejada a las libres fuerzas del mercado para insertarse a la competencia internacional, una vez reducida su protección arancelaria, así como para modernizar sus procesos de producción, equipo, tecnología y logística de comercialización. Sólo desde la crisis de 1982 hasta principios de la década de los noventa, esta industria intentó jugar algún papel en la apertura comercial vía exportaciones (Rueda *et al.*, 1994).

Desde el sexenio de Miguel de la Madrid, época en que inicia la apertura comercial y el llamado modelo neoliberal, los funcionarios directamente involucrados con la actividad industrial llegaron a la conclusión que *la mejor política industrial era no hacer ninguna política industrial*. Para el sector siderúrgico esto significó sólo atenerse a las medidas proteccionistas admitidas después de ingresar al Acuerdo General sobre Aranceles Aduaneros y Comercio, mejor conocido como GATT por sus siglas en inglés, a los esfuerzos pormenorizados por aplicar medidas antidumping en la eventualidad de comercio desleal, así como esfuerzos extraordinarios por actualizarse tecnológicamente para competir contra productores acereros, que en esos años japoneses y coreanos representaron un peligro en el mercado americano; los chinos no figuraban todavía con potencial peligro de desplazamiento.

La crisis financiera de 1995 representó un parte-aguas para la industria manufacturera mexicana, al eliminar el *dejar hacer y dejar pasar* con el fomento de la asociación empresarial y la ejecución de algunos programas de apoyo para las empresas micro y pequeñas. Se creó el programa de *empresas integradoras* en 1993 (El Mercado de Valores, 1993), uno de cuyos objetivos consiste (porque todavía existe dicho programa) en fomentar el asociacionismo para alcanzar la eficiencia colectiva en la adquisición de insumos y el abasto a empresas exportadoras. Se crearon muchas empresas de este tipo en el país con escaso éxito colectivo; las razones, la poca confianza empresarial producto de la falta de criterios por operar en colectivo. En Monclova Coahuila donde existen más talleres de metalmecánica por cada 100,000 habitantes en todo México, sólo se creó una de estas empresas (Corrales, 2006).

Durante todo el periodo entre la crisis de 1982 y la crisis de 1995 el sector manufacturero mexicano no registró altas tasas de crecimiento de su producción en comparación con todo el periodo precedente conocido como *desarrollo estabilizador*. Aun cuando son de varias maneras coincidentes los modelos de apertura y liberalización con lo realizado por las economías de China y la India, la mexicana no ha tenido el éxito que se había previsto, seguramente por falta de una base tecnológica que hiciese posible capitalizar la presencia de inversión extranjera en este país. Los chinos e indios siguen obteniendo altas tasas de crecimiento en el conjunto de la economía y más en sus industrias manufactureras, y compitiendo fuertemente por el mercado americano.

La crisis financiera de 1995, que redujo el PIB en 6.2% y tuvo un impacto estructural a lo largo de toda la economía, pudo recuperarse el siguiente año con préstamos internacionales del *Banco de la Reserva Federal* y otras fuentes de financiamiento. La recuperación atenuó los efectos desbastadores del desempleo de largo plazo que caracterizó la crisis de 1982. Al revisar las estadísticas de la producción industrial manufacturero de esa época se tiene la certeza que los cambios estructurales bajo la etiqueta del libre mercado no tuvieron éxito; entre 1995-2000 la tasa de crecimiento promedio fue de 7.64% y entre 2000 al 2006 bajó a 1.27% (De María y Campos, 2008: cuadro 2.2). En un tramo más prolongado, que incluya a todo el proceso de reestructuración de la economía, entre 1980 y 2006 el sector manufacturero sólo creció al 2.6% anual, frente a tasas sostenidas del 7 al 10% anual registrada durante el desarrollo estabilizador (De María y Campos, 2008:62).

Durante los últimos dos sexenios, las políticas industriales han seguido concentrándose en el asociacionismo como estrategia para alcanzar el crecimiento económico. Durante todo ese periodo, el concepto fundamental detrás de toda política de fomento fue el desarrollo empresarial y no el desarrollo industrial. Se continuó con la necesidad de restablecer y fortalecer las cadenas productivas que con la apertura comercial se habían resquebrajado, como resultado de crecientes importaciones desplazando a empresas mexicanas que habían tenido una cartera de clientes segura por décadas. También se diseñaron programas de apoyo a las PYMES en los últimos dos sexenios, pero han tenido poco impacto en las tasas de crecimiento en la industria manufacturera mexicana (De María y Campos, 2008:45).

Durante el sexenio de Vicente Fox se crearon varias instituciones de fomento a las PYMES, tal como la Ley para el Desarrollo de la Competitividad de la Micro, Pequeña y Mediana Empresa en 2002, se creó la Subsecretaría para la Pequeña y Mediana Empresa (SPYME), se puso en marcha por la Secretaría de Economía el Fondo PYME. La entrega de subsidios en apoyo a estas empresas fue clasificado a través de cuatro fondos: el Fondo de Apoyo a la Micro, Pequeña y Mediana Empresa, el Fondo de Fomento a las Integración de Cadenas Productivas, el Fondo de Apoyo para el Acceso al Financiamiento de las Micro, Pequeñas y Medianas Empresas y el Fondo para Centros de Distribución en Estados Unidos (De María y Campos, 2008: 46).

Como puede apreciarse por las notas anteriores, la política industrial del estado Mexicano en apoyo y fomento al sector industrial se concentró en las micro, pequeñas y medianas empresas. Las grandes y eventualmente las medianas con capacidad de respuesta a hacia sus metas de crecimiento, deberían atenerse a su propia capacidad financiera, tecnológica y de logística empresarial para competir en un mercado globalizado. Las grandes empresas acereras sólo figuraron como parte del paquete de desincorporación y liberalización de la economía, que las obligó hacer fuertes inversiones para mantener su competitividad; hecho que propició el endeudamiento de las empresas siderúrgicas regiomontanas, y que a la postre, fueron vendidas a extranjeros a mediados de la década pasada.

La industria siderúrgica mexicana durante las últimas décadas

Escribir sobre la industria siderúrgica mexicana e investigar sobre sus tendencias como resultado del cambio macroeconómico inducido por la apertura y la globalización de las economías, no es una tarea tan evidente no obstante el tamaño pequeño de su contribución al producto, a la generación de empleo, el porcentaje de sus exportaciones y los cambios tecnológicos que se caracterizan por su rigidez, etc. Desde la liberalización económica en los ochenta esta industria dejó de ser prioritaria dada la abundancia de acero en el mundo a precios accesibles, pero sobre todo, debido a problemas laborales y de organización industrial poco rentables para el Estado Mexicano, propietario del mayor porcentaje de las empresas.

Las empresas acereras mexicanas durante las crisis de 1982 y 1995 sólo alcanzaron a modernizarse para continuar operando en un entorno más competitivo como resultado de la apertura comercial. Este proceso de modernización consistió en introducir equipo de monitoreo y control automatizado a los procesos de producción y la logística de entrega a tiempo, donde las empresas del Estado estaban rezagadas con respecto a su competidoras de otros países. Mucho del cambio generado por esta época consistió en la reestructuración laboral; se introdujeron las estrategias japonesas del *Just in time*, los círculos de calidad, etc. que al final, sirvieron como variables atractivas para la venta de las empresas al sector privado. Dicha venta fue una ganga por el precio de venta; pero los compromisos para los nuevos dueños consistieron en concluir la modernización tecnológica, laboral y proteger el mercado regional.

Ese compromiso habría de compensar el precio y garantizar la continuidad de las empresas para mantener el empleo y el ingreso en las ciudades donde operan sus principales empresas, que poseen una industria poco diversificada y escasas fuentes de empleo como son Monclova en Coahuila y Lázaro Cárdenas en Michoacán. En efecto, la industria siderúrgica mexicana se desarrolló, junto con Monterrey, en estas dos pequeñas ciudades. El cierre de Fundidora de Monterrey S. A. en 1985 no afectó mucho a la ciudad de Monterrey por el alto nivel de diversificación industrial que posee, que compensó la pérdida de miles de empleos.

Por décadas la industria siderúrgica mexicana había operado bajo la tutela del Estado Mexicano. Una vez que entra en vigencia el modelo de desarrollo hacia afuera y se presenta la necesidad de reducir la presencia del Estado Mexicano, la industria siderúrgica queda inmersa en una serie de conflictos existenciales producto de sus problemas laborales, de mercado y tecnológicos. Si bien, durante décadas estos problemas se habían resuelto y se pudo atender las necesidades del consumo nacional, pronto se acumularon y pusieron obstáculos al crecimiento; no se ha podido resolver el déficit de la balanza comercial acerera desde hacer varios años (CANACERO, 2002:6, 2005:6, 2007-2011:7)[12].

Durante el proceso de reestructuración que inicia con la crisis de 1982, la industria siderúrgica se ve obligada "[...] a buscar mercados para sus productos en el exterior así como a elevar su eficiencia, productividad y calidad, pero en el mercado externo se enfrenta a la sobreoferta de acero y a las medidas proteccionistas de los países industrializados" (Rueda et al., 1994:51). Esas condiciones de estrangulamiento de la industria siderúrgica mexicana la obligaron a reducir primeramente la planta laboral y posteriormente, a introducir algunas mejoras tecnológicas con los escasos recursos financieros que poseía el Estado, y la explicación fue la contracción del mercado petrolero y una deuda externa que asfixió a la economía mexicana durante toda la década de los ochenta.

La deuda externa se negoció con éxito a finales de la década de los noventa, así como el proceso de desincorporación de entidades paraestatales logró alcanzar la cima en cifras tanto de ventas de empresas como de ingresos para el fondo de contingencia para sanear las finanzas públicas; estos hechos llevaron a la privatización de AHMSA y SICARTSA en 1991. Después de la privatización, que

---

[12]   En las estadísticas de CANACERO difundidas en "El Perfil de la Industria Siderúrgica Mexicana" desde el 2000, este desequilibrio comercial se observa tanto en volumen como en valor de la balanza comercial.

fue hecha a precios muy bajos y propiciaron controversias contra la administración de Carlos Salinas de Gortari (Corrales 2006; Rueda, et al. 1994), los industriales del acero se endeudaron para encarar la competencia, al abrirse las fronteras a las importaciones con el ingreso al GATT en 1986 y en 1994, al entrar en vigencia el TLCAN.

Para resumir la importancia de la industria siderúrgica y acerera mexicana dentro de la industria manufacturera y su conexión con la competencia China en el mercado de Estados Unidos, primero veamos las estadísticas que publica la CANACERO y que se encuentran disponibles en su portal de internet. En 2002 contribuyó con el 2% del PIB nacional, con el 8% del PIB industrial y con el 10% del PIB manufacturero. Generó 52,500 empleos directos y 550,000 indirectos; desde entonces es el principal consumidor de electricidad con el 10.1% del total nacional, fue el segundo consumidor de gas.

Al revisar las estadísticas de su comercio exterior por esa época, que precedió a la crisis asiática de 1997-98, sólo en 1997 se alcanzó una balanza comercial positiva, pero posteriormente se ha mantenido deficitaria, a no ser que consideremos sus estadísticas de volumen, pues en 1999 logró cambiar el signo a positivo. El déficit por el valor del comercio exterior se obtiene por la calidad de los productos; mientras exportamos planchón, lámina rolada en frío y en caliente, lámina galvanizada, tubería entre otros, las importaciones se componen de productos con mayor valor agregado, tal como lámina para la industria automotriz, aceros especiales para la industria metalmecánica, etc.

El periodo generado al final de década de los noventa, posterior al *efecto dragón* sobre el sector acerero y siderúrgico nacional, incrementó el consumo nacional aparente debido a la demanda creciente de acero para atender el crecimiento de la industria nacional. Una diferencia muy grande se registró entre la producción nacional de acero, que en 2000 fue de 15.6 millones de toneladas, el consumo nacional aparente[13] para ese mismo año fue de 19.8 millones de

---

[13]   El consumo nacional aparente se compone por la producción nacional, las importaciones menos las exportaciones.

toneladas, un margen de diferencia de 4.2 millones que habría de satisfacerse con importaciones.

Sin duda el estadístico de mayor relevancia que explica los esfuerzos para modernizar esta industria y hacerle frente a la competencia y ganar segmentos de mercado dentro y fuera del país, fueron las inversiones. Entre 1990-1998 se invirtieron 4,430 millones de dólares y entre 1999-2001, sólo se invirtieron 1,037 millones. En las palabras de CANACERO se intuye el nivel de exigencia al decir que "[...] dadas las exigencias de globalización de mercados y de la privatización del sector siderúrgico mexicano (noviembre de 1991), hasta 1998 se registraron inversiones por 4 mil 430 millones de dólares, para fortalecer y modernizar su estructura productiva, orientándose hacia la consolidación de su capacidad competitiva."

Hasta mediados de la primera década de este siglo las empresas acereras mexicanas tuvieron, se puede decir, un éxito relativo debido a la recuperación por la creciente demanda China de todo tipo de *commodities*. Varias empresas que contrajeron mucha deuda para modernizarse, como fue el caso de AHMSA, tuvo que declararse en suspensión de pagos en mayo de 1999; las empresas acereras regiomontanas que habían gozado de muchos privilegios tanto por medidas proteccionistas antes de la apertura comercial como por mercados consolidados, también se endeudaron para modernizarse y competir contra sus semejantes para sostener los mercados. Además, las deudas también sirvieron para realizar adquisiciones y posicionarse tanto con insumos baratos, como con mercados de suma importancia.

Durante el primer quinquenio de la década pasada, las estadísticas generadas por la industria siderúrgica nacional experimentaron cambios dignos de ser mencionados por su magnitud respecto al producto, al empleo, la inversión y su posición relativa frente a otros indicadores. En febrero de 2005 CANACERO hace un nuevo cálculo de la contribución de la industria siderúrgica al PIB nacional y obtiene que bajó a 1.4%, o sea 0.6% menos que en 2002. Su participación en el PIB industrial también bajó a 7.4%, pero su contribución al PIB manufacturero subió al 10.4%, o sea 0.4% más que en 2002.

Los empleos directos publicados en 2005 fueron los mismos, así como los indirectos. Siguió siendo el principal consumidor de electricidad y pasó a convertirse el principal consumidor de gas, dada la creciente presencia de las mini acerías. La balanza comercial continuó deficitaria tanto en volumen como en valor. El indicador del consumo nacional aparente siguió siendo alto respecto de la producción nacional, induciendo a las empresas mexicanas a incrementar su capacidad competitiva para adjudicarse ese margen de mercado. Un estadístico interesante que diverge descomunalmente con las publicadas a principios de la década son las inversiones por periodo.

En el periodo de 1990 a 1998 (el mismo periodo) las inversiones en millones de dólares fueron de 7,402, una diferencia de 2,972 millones de dólares a las publicadas en 2002. Los errores de estas estadísticas no son explicadas por la propia CANACERO; no obstante, la magnitud de ellas indica el esfuerzo por colocar a las empresas en condiciones competitivas para hacer crecer la industria acerera y siderúrgica nacional. Para esta fecha que nos ocupa, el mercado acerero mundial ya se había consolidado y los precios habían experimentado un repunte que habría de beneficiar a las empresas acereras mexicanas. Nadie creería que en un periodo de prosperidad las empresas regiomontanas fuesen vendidas para dejar en manos de extranjeros el mercado siderúrgico que había industrializado a Monterrey.

El proceso de globalización de las economías ya se había consolidado a través de una serie de hechos en la forma de *joint ventures*, alianzas tecnológicas, compras de activos y empresas completas, etc. Las empresas acereras mexicanas ya habían experimentado estos movimientos desde hace muchos y sus deudas las colocaron en una encrucijada. Los competidores, en muchos casos los propios socios, allanaron el terreno para adquirir Hylsamex e IMSA a través de dichas alianzas, como en la compra de la empresa venezolana Sidor realizada entre Techin de Argentina, Sivensa de Venezuela, Hylsamex de México y Usiminas de Brasil; IMSA en 1998 compró el 26% de las acciones de la Argentina COMESI, también firmó una *joint venture* con la Companhia Sidúrgica Nacional de Brasil en 1999, etc. (Corrales, 2007:101).

Revisando el último *perfil de la industria siderúrgica mexicana* colgado en el portal de CANACERO, encontramos algunos cambios importantes en las estadísticas generadas por esta industria, que resumen los efectos del proceso de globalización de las economías, particularmente las ventas de las empresas acereras privadas regiomontanas, los efectos de la competencia China por el mercado americano y el impacto desbastador de la crisis financiera global, que redujo la producción nacional de acero en 2009 en un 18.02%, al contraerse todo tipo de mercados. En los hechos, la industria nacional dejó de producir 3.1 millones de toneladas y la recuperación sólo pudo alcanzarse en 2011.

Siguiendo el contenido del más reciente *perfil de la industria siderúrgica*, se observan cambios importantes respecto a la industria como un todo desde 2007 hasta el 2011. El PIB de la industria siderúrgica respecto al PIB se incrementó a 2.6%, respecto al PIB industrial subió a 7.5%, pero sin duda respecto al PIB manufacturero, fue más alto con un 15%. Aun cuando se utilizó como argumento que la industria acerera ya no era prioritaria para el desarrollo industrial del país para su privatización en 1991, por la abundancia de acero en el mundo, la reciente explosión de China como la superpotencia productora de acero, cemento, vidrio, automóviles, etc., y las grandes diferencias entre el consumo nacional aparente y la producción real, hacen pensar que sólo se utilizó como un argumento falso.

En realidad se sigue consumiendo acero y la industria nacional no puede abastecer todo tipo de productos; lo que complica los hechos, tampoco tiene allanado el terreno para exportar por la fuerte competencia con productores del resto del mundo, sobre todo Chinos en el mercado americano. En pleno abismo de la crisis financiera global (2009), el consumo nacional aparente de acero registró 17.1 millones de toneladas, mientras que la producción nacional sólo fue de 14.1 millones, zanjando una diferencia de 3 millones que tuvieron que importarse. También es un hecho que muchas de las importaciones son de productos que no produce la industria nacional o bien, que debido a redes de abastecimiento con base en la calidad, la entrega a tiempo y contratos de largo plazo, impide su abasto nacional.

En tales circunstancias, la balanza comercial sigue siendo deficitaria, al mismo tiempo, la necesidad de continuar exportando al resto del mundo forma parte central de las políticas de crecimiento de las empresas acereras mexicanas, ahora propiedad de extranjeros. Las estadísticas sobre el comercio exterior indican "[...] al término de 2011, el valor de las importaciones siderúrgicas (que incluye productos de acero) alcanzó 9 mil 338 millones de dólares, mientras que el de las exportaciones fue de 6 mil 153 millones de dólares. La balanza comercial siderúrgica mantuvo niveles deficitarios, del orden de 83.4% en términos de volumen y de 65.9% en términos de valor" (CANACERO).

Sin duda, el cambio radical en esta industria se expresa a través de sus montos de inversión acumulados en diferentes periodos. El perfil de la industria antes citado agrupa las inversiones en tres periodos distintos: 1990-1998, ya analizado más arriba, 1999-2006, también ya citado en el boletín de 2005; pero hay un tercer periodo que resume las inversiones de 2007 a 2011, que expresa los esfuerzos de reconfiguración con la venta y fusión de las acereras mexicanas a consorcios extranjeros, que invirtieron una suma de 6 mil 910 millones de dólares para insertarse con más éxito a la competencia global, con la creación de nuevas plantas y la modernización de las existentes.

No obstante estas inversiones, y que han incrementado la capacidad instalada de la industria nacional a 22.2 millones de toneladas de acero líquido en 2010, 3.1 millones más que en 2003, se sigue importando acero, se continúa exportando (cuadro 1) y el principio de Ohlin y Heckscher (Norris, 1983) se pone en duda, al decir que los países comercian cuando sus factores productivos son más abundantes que los de sus competidores. En la industria acerera, que posee un efecto en cadena muy extenso en muchos sectores industriales, este principio puede degradarse por variables exógenas tales como las redes inter-empresariales que representan el sustento del comercio intra-empresa e intra-industria, que bajan los costos de transacción en general. En el siguiente apartado se revisarán las tendencias en las exportaciones mexicanas y chinas al mercado americano para detectar procesos de desplazamiento y pérdida de mercado.

Cuadro 1. México, balanza comercial siderúrgica

(Millones de dólares)			
Año	Exportaciones	Importaciones	Saldo
2002	2,353	3,537	-1,185
2003	2,372	3,657	-1,286
2004	3,541	5,108	-1,567
2005	4,318	6,215	-1,897
2006	4,736	7,671	-2,935
2007	5,297	7,747	-2,451
2008	6,871	9,790	-2,920
2009	3,668	6,108	-2,440
2010	5,079	7,986	-2,907

Fuente: CANACERO. Indicadores de la industria siderúrgica mexicana 2002-2011.

Una mirada con mayor detalle al cuadro 1 se detecta que tanto las exportaciones como las importaciones cayeron en 46.6% y 37.6% respectivamente de 2008 a 2009 con la crisis financiera global, y ese diferencial sostuvo la balanza comercial deficitaria, por el contrario de 1994-1995, se registró una balanza positiva en esta actividad industrial. Si observamos la tendencia de cada una de las variables, hay un incremento importante desde el 2002, pero las importaciones reúnen las estadísticas mayores. En fin, detrás de las estadísticas se encuentra una lucha enconada por colocar en el mercado americano el mayor porcentaje de exportaciones; que involucra todo tipo de prácticas comerciales internacionales.

El mercado americano y la competencia China: algunos indicadores cuantitativos

La apertura comercial colocó a unos sectores industriales más que a otros en ventaja competitiva para colocar sus productos en los mercados internacionales. La industria siderúrgica mexicana, cuyo mercado de exportaciones se encuentra fundamentalmente en Estados Unidos, a pesar de exportar a más de 109 países, ha experimentado conflictos y fluctuaciones en su balanza comercial, siguiendo una constante su déficit comercial desde principios de este siglo, como resultado de un creciente consumo nacional aparente, y a que no se utiliza el 100% de la capacidad instalada en la industria (CANACERO, 2002:8, 2005:4,2007-2001:7). En principio analizamos algunas controversias bajo el formato de imposiciones cuantitativas, dumping y subsidios que degradan el comercio internacional

México junto con otras naciones exportadoras al mercado americano firmó acuerdos de restricción voluntaria (VRA)[14] por sus siglas en inglés, para exportar un porcentaje determinado por el consumo nacional aparente de Estados Unidos (lo mismo que ahora, hay una regulación cuantitativa denominada *cupos* de exportación) por años los exportadores de todo el mundo tuvieron que sujetarse a los VRA para exportar productos de acero. Aun cuando están prohibidas las regulaciones cuantitativas en las leyes y normas del comercio internacional, esta ha sido una práctica desde décadas que ha caracterizado nuestro comercio con Estados Unidos para muchos productos intermedios, particularmente el acero.

Aun cuando no es el objetivo, conviene explicar que en pleno proceso de negociaciones para la firma del Tratado de Libre Comercio, durante la administración de William Clinton se aplicaron una serie de sanciones a las exportaciones mexicanas en la forma de impuestos compensatorios. Los VRAs ya habían vencido en 1992 pero en enero de 1993 el gobierno de Estados Unidos decidió gravar con impuestos compensatorios a productos provenientes de 19 países, entre ellos México. El impuesto tuvo un porcentaje máximo de 109% sobre el valor de las ventas y representó una pérdida de 2000 millones de dólares anuales durante el periodo de aplicación (Gutiérrez 1993:15).

Aun cuando el TLCAN ya había entrado en vigencia desde enero de 1994, el 31 de junio de 1995, Estados Unidos oficializó a través de la Comisión de Comercio Internacional (USITC) el cobro de impuestos compensatorios a las exportaciones de tubería de acero mexicana, Argentina, Austria, Corea, Japón, Italia y España, el argumento

---

[14]   Con Japón los americanos firmaron VRAs en 1968, y no fueron respetados por los japoneses en sus exportaciones de acero. En la década de los 80s se generalizaron incluido México, en 1992 desaparecieron al entrar en vigencia el TLCAN y otros tratados comerciales.

para esos cobros fue que las exportaciones dañaban a la industria siderúrgica Estadounidense. Tubos de Acero de México, S. A. enfrentó aranceles del 23.79% (El Financiero 1995). Esta solución generó molestias en el sector petrolero de Estados Unidos, y el hecho probó que las prácticas desleales al comercio y sus disputas, difícilmente podrían resolverse en el marco del TLCAN, que acababa de iniciar.

Al final de la década de los noventa se hace presente la crisis asiática 1997-1998 y desató una reacción proteccionista de la industria siderúrgica americana; todas las empresas, incluidas las miniacerías se unieron en defensa del mercado interno (www.newsteel.com/2001). México y Canadá por formar parte del TLCAN no experimentaron sanciones a sus exportaciones. El grado de liberación acordado por el Tratado exentó a estos países de pagos de cuotas compensatorias; aún así, las exportaciones cayeron en 145 mil toneladas, pero en 1999 se recuperaron hasta superar los montos alcanzados en 1997. En síntesis, entre 1990 a 1999 las exportaciones a Estados Unidos cayeron de 79% a 56% (Cruz, 2002:3). Aun cuando era muy prematuro, por esas fechas se aseguraba ya que el TLCAN no resolvería los problemas de la capacidad instalada, de la industria acerera mexicana, ni del mercado interno.

El 5 de marzo de 2002, Washington anunció la imposición de aranceles de hasta 30% por tres años a las importaciones de acero provenientes de países de Europa, Asia y América Latina, salvo a sus socios del Tratado de Libre Comercio. La salvaguarda fue dirigida contra diez categorías de productos de acero. Los gravámenes oscilaron entre el 8 y el 30%; el más alto se aplicó al acero plano, cuyas importaciones son las que más perjudican a la industria estadounidense. Algunos países quedaron exentos, sobre todo aquellos que sus exportaciones al mercado americano son inferiores a 3 por ciento respecto al consumo nacional aparente, como fue el caso de Argentina, pero Brasil resultó dañado por rebasar esa proporción y es uno de los más importantes exportadores en América Latina.

Los primeros cinco años de la primera década de este siglo, la industria siderúrgica experimentó cambios profundos para el alto crecimiento del consumo chino. A China se atribuya la solución siderúrgica y de otros materiales de la crisis asiática 1997-1998, que se originó en el sector inmobiliario de los cuatro tigres asiáticos: Corea del Sur, Singapur, Malasia y Hong Kong. Aun cuando los conflictos comerciales continuaron su curso en esos primeros cinco año de la década pasada, lo que acaparó la atención fue el crecimiento del mercado siderúrgico y las exportaciones sobre todo a China. Con su ingreso a la OMC en 2001, le facilitó el crecimiento de su comercio exterior.

Como resultado de ese *boom* económico y comercial, China desplazó a México como segundo socio comercial de Estados Unidos y también lo hizo en el abasto de productos siderúrgicos y acero. Exactamente en 2005 exportó 27.414 millones de toneladas de productos de acero terminados y semiacabados, e importó 27.312 millones de toneladas, una diferencia a favor de 102 mil toneladas; el siguiente año exportó 51.706 millones e importó 19.105 millones, zanjando una diferencia de 32 millones, 601 mil toneladas hacia el resto del mundo (*World Steel Association*, 2010). Este cambio brusco de su comercio exterior fue favorecido por una masiva producción interna, un yuan subvaluado y políticas de subsidios que tienen intrigado a todo el mundo.

En 2007, El *North American Steel Trade Committee* (NASTC) publicó un reporte titulado "The NAFTA Steel Industry Pulse" donde muestra el desafío de la industria siderúrgica China, que pasó de producir el 13.9% de la producción mundial de acero en 2000, al 34.1% en 2007. Ese ritmo de producción tres veces mayor al de la región del TLCAN, se finca en políticas de subsidios al productor, inadecuada fuerza laboral, poco cuidado ambiental y un yuan subvaluado en aproximadamente 40%. En tales condiciones de operar señala el documento, las exportaciones chinas propician distorsiones en el mercado internacional. Las exportaciones chinas que en 2006 superaron con creces a las importaciones, en su mayor porcentaje fueron embarcadas hacia la región del NAFTA y un 15% ingresaron a Norteamérica. Desde mediados del 2005 China se convierte en el principal proveedor de productos siderúrgicos por encima de Canadá y México (NASTC, 2007).

Prácticamente desde mediados de la década pasada las exportaciones Chinas han incrementado su presencia en los diversos mercados de toda América desde Canadá hasta Argentina. Del 2000 al 2009 la participación de China en las importaciones totales de Argentina se incrementaron de 4.6% a 12.4% y pasó a ocupar el tercer lugar como su socio comercial, después de Brasil y Estados Unidos. En todo el Mercosur, durante el mismo periodo alcanzó a igualar a los miembros del Mercosur con aproximadamente 40% del total de comercio exterior. Las ventas chinas se han concentrado en tres diferentes categorías de productos: bienes de capital, partes y accesorios para bienes de capital y bienes de consumo (INTAL 173, 2011).

En América Latina hay una queja generalizada contra la fuerte penetración China en las economías de los distintos países. Particularmente se dice que acabará con la industria manufacturera de la región porque las importaciones provenientes de China tienen una alta composición de productos de acero y está desplazando a la producción nacional. En un estudio financiado por el organismo que agrupa a los productores de acero en toda América Latina (Alacero), se afirma que por la competencia China, en México se han perdido alrededor de 700 mil empleos del 2000 al 2010.

Citando con precisión el documento, "El costo de esa desindustrialización ha sido importante para el país en materia de empleo formal. En efecto, tan sólo en los últimos diez años la economía mexicana perdió casi 700 mil empleos en el sector manufacturero (Gráfico 22). Lo anterior corrobora que los empleos que EUA perdió en su industria en los últimos diez años, ciertamente no los ganó México, al menos en el sector manufacturero formal de la economía. En todo caso, son empleos que, por la vía del "off-shore" se han desviado hacia otras regiones del mundo, en especial hacia China" (Mendes y Cervera, 2011:26).

En dicho estudio se asegura que en siete de las 21 ramas manufactureras el volumen físico de producción es hoy inferior al observado en 2000. Particularmente la producción de manufacturas ligeras tal como aparatos electrónicos, prendas de vestir, etc. disminuyeron considerablemente, mientras que la producción vinculada a la manufactura pesada tal como maquinaria y equipo, equipo de transporte, minerales no metálicos, etc. aumentaron a tasas superiores al promedio de las manufacturas. Este comportamiento de la producción física en productos ligeros que señala el estudio, es un resultado de la movilidad de la industria maquiladora de exportación hacia China.

El comportamiento del comercio exterior mantiene en jaque a la industria mexicana por las crecientes importaciones provenientes de China, que en 1994 eran imperceptibles al compararlas con las importaciones provenientes de Estados Unidos; pero a mediados de la década pasada se convirtió en el segundo socio comercial de México, al concentrar el 8.6% del total, por encima de Canadá y Alemania, en 2010, este porcentaje subió a 16.7% lo que implica una balanza comercial deficitaria enorme con el dragón chino. En 2010 las exportaciones mexicanas sumaron 4,198 millones de dólares, mientras que las importaciones 45,608 millones, que significa un déficit de 41 mil millones de dólares (Steel Statistical Yearbook, 2011). Para los autores y líderes de la industria siderúrgica latinoamericana y mexicana, estas importaciones poseen altos componentes de acero que afectan los mercados del acero en la región.

En otros términos, el mercado interno también está siendo controlado por la competencia china. No obstante, el objetivo general del presente documento es el mercado siderúrgico y del acero en Estados Unidos. Para las exportaciones mexicanas a ese mercado antes y después de entrar en operación el TLCAN, ha representado el más alto porcentaje, de 86.7% cuando entra en vigencia en 1994, sube a 90.1% en 2000, pero baja en 2010 a 79.4% al contraerse las exportaciones mexicanas con la desaceleración de la economía de Estados Unidos después de la crisis financiera global. Durante la década pasada, los chinos conquistaron segmentos de mercado que habían sido controlados por empresas mexicanas, europeas, japonesas, canadienses y otros países.

Un estudio realizado por IQOM Consultores[15] dirigida por Herminio Blanco sobre un producto en particular, *la tubería para perforación petrolera*, que produce Tubos de Acero de México, S. A. y Ternium (antes Hylsamex), fue desplazada por importaciones chinas. También

---

[15] *Disminuye EE.UU. cuota antidumping contra tubería de perforación petrolera para HYLS*, en http://www.iqom.com.mx/index2.php

fueron desplazadas importaciones de otros países tal como Alemania y Japón, con mucha experiencia y tecnología para producir ese producto. El estudio tuvo como argumento la revisión de cuotas antidumping aplicadas por el Departamento de Comercio de Estados Unidos (USDOC por sus siglas en inglés) contra Hylsamex por prácticas comerciales discriminatorias.

El estudio indica que la demanda de este producto depende de la perforación para extraer petróleo sobre todo en Texas y Luisiana, donde se concentran los principales yacimientos. Se apunta en el texto que a partir de 2006 se incrementará la demanda para este producto en respuesta a la reconstrucción de la infraestructura del Golfo de México dañada por los huracanes Katrina y Wilma que azotaron en agosto y octubre de 2005. Las ventas absolutas de tubería mexicana para perforación petrolera (OCTG) se han incrementado muy a pesar de las medidas antidumping; pero su peso relativo es cada vez menor dada la presencia de otros competidores, tal como China.

En la tabla 3 del documento reseñado se observa que entre 1994 a 2005, China no exportaba prácticamente nada a ese mercado y los principales eran Japón, Alemania, Corea del Sur y México. En diez años, China incrementó exportaciones de 253 mil dólares en 1994 a 379,897 mil en 2005, mientras que las exportaciones mexicanas se incrementaron de 3,303 mil dólares a 15,933 en ese mismo periodo. Como se observa, en términos absolutos hay crecimiento mientras que en términos relativos, hay una pérdida de mercado controlado por China (http://www.iqom.com.mx/index2.php?, tabla 3). Debido a que en 2005 ese país se convierte en el principal proveedor de productos de acero y en el segundo socio comercial de Estados Unidos, los cálculos que a continuación se presentan servirán para observar el indicador de penetración y/o de desplazamiento de productos de acero.

El indicador de penetración (porcentaje de penetración) de un producto a cualquier mercado es el cociente de dividir las importaciones totales de un producto (o país) entre la producción nacional más las importaciones menos las exportaciones (consumo nacional aparente). La ecuación es como sigue: *Penetración=Ijt/ It+Qt-Et. Ijt,* son las importaciones de un producto *j* en el tiempo *t*,

It son las importaciones totales de ese producto, *Qt* es la producción nacional de ese producto y *Et* son las exportaciones totales de ese mismo producto en un tiempo determinado. En el cuadro siguiente se muestran los porcentajes de penetración de los diez principales exportadores de acero a Estados Unidos.

Cuadro 2. Porcentaje de penetración con productos siderúrgicos y acero al mercado Americano

(cálculos hechos a base en volúmenes)				
País	2007	2008	2009	2010
Canadá	5.4	6.07	6.11	6.6
Brasil	1.6	1.07	0.74	0.95
México	2.7	2.94	3.16	2.9
Corea del Sur	1.73	2.13	2.08	2.08
Japón	1.3	1.44	1.71	1.4
China	4	4.75	3.38	1.5
Rusia	1.05	1.1	0.87	1.64
Alemania	1.05	1.06	0.79	1.32
Australia	0.72	0.67	0.42	0.65
India	0.79	1.24	0.91	0.85

NOTA: El Consumo Nacional Aparente se compone por las importaciones totales de un producto, más la producción nacional, menos las exportaciones de ese producto.
Fuente: Cálculos propios con datos del Steel Statistical Yearbook 2011 y United States International Trade Commission (USITC).

Como bien se aprecia en los porcentajes del cuadro 2, Canadá tiene la más alta participación seguida de China y México. En 2007 Canadá envió el 5.40% de productos de acero del total del consumo nacional aparente de USA, mientras que China el 4% y México fue tercero con 2.70 de su consumo nacional aparente. Estos porcentajes muestran la supremacía China sobre México; pero no ha superado a Canadá como aseguraron en 2007 los expertos del North American Steel Trade Committee (NASTC). Incluso, si se revisan los valores de las importaciones por país de origen registrados por la USITC, sigue Canadá por encima de los Chinos; sin embargo, desde el 2005 han desplazado a los mexicanos.

Un observación horizontal con mayor detalle al cuadro puede concluirse que la distancia sí fue una variable que influyó en los flujos comerciales internacionales durante la crisis financiera global, porque las importaciones provenientes de China bajaron hasta 1.50% como proporción del consumo nacional aparente, las importaciones provenientes de México, aun cuando cayeron, se mantuvieron por encima de las chinas. Más aún, las exportaciones canadienses crecieron a pesar de la crisis. Las exportaciones coreanas al mercado americano también se incrementaron durante ese periodo. Con los anteriores cálculos se demuestra la presencia China, pero también, que la crisis financiera vino a corregir las ventajas relativas de la industria China: su producción masificada, un yuan subvaluado y subsidios a los productores de acero.

Un análisis de mayor detalle de las exportaciones por productos de acero de ambos países al mercado norteamericano, muestra dónde cada país se encuentra especializado y de algún modo, se explica por qué los Chinos superaron a los Mexicanos en los montos de exportación a ese mercado. El cuadro 3 muestra una mayor penetración de China con productos largos (*long products*), pero particularmente en tubería, que en 2008 logró abastecer el 2.94% del consumo nacional aparente de Estados Unidos, para luego bajar en 2010, en una proporción inferior a la mexicana.

Cuadro 3. Porcentaje de penetración por productos de acero al mercado Americano

(cálculos hechos a base de volúmenes) Productos	2007	2008	2009	2010
China				
Productos planos	0.68	0.82	0.36	0.44
Productos largos	1.6	1.42	1.26	0.9
Tubería	2.07	2.94	1.82	0.29
Acero inoxidable	0.2	0.28	0.18	0.08
México				
Productos planos	1.76	1.65	1.34	1.63
Productos largos	0.85	1.15	1.27	1.16
Tubería	0.33	0.4	0.47	0.47
Acero inoxidable	0.02	0.01	0.01	0.01

* Lámina rolada en frío, en caliente, lámina galvanizada, etc.

**Perfiles estructurales, ligeros, varilla corrugada, alambre, etc.

Fuente: Cálculos propios con datos del Steel Statistical Yearbook 2011 y US International Trade Commission.

México posee ventaja en productos planos, que sostuvo en plena crisis financiera global, con una participación de 1.76% en 2007 y sólo bajó a 1.63 del consumo nacional aparente de Estados Unidos en 2010. Al tomar este pequeño tramo que representa la cresta de la crisis, podemos decir que China fue desplazada del mercado Americano no por una producción masiva, a bajos costos y otras ventajas relativas tal como salarios bajos, fue más bien por la ventaja absoluta de estar cerca del mercado, que implica menos costos de transporte, que en tiempos de crisis se incrementaron exponencialmente vía costos de combustibles. China al contrario de México, produce y exporta acero inoxidable a Estados Unidos.

Aun cuando los cambios tecnológicos en la industria siderúrgica y acerera en el mundo son muy rígidos, particularmente para los procesos de fusión para las coladas de acero en los hornos de aceración que existen,[16] los productos terminados (aleaciones) están en función de las demandas del mercado con años de negociación, que induce a introducir adelantos tecnológicos para producir los más diversos productos terminados de acero; tal vez esto explique por qué México produce muy poco una amplia gama de productos de alto valor agregado para la industria, como el acero inoxidable, la lámina automotriz, el acero para suspensiones de automóviles, etc. Esto también puede ser una explicación de la supremacía China en el mercado americano.

Después de la crisis financiera global, el mercado americano para los productos de acero chinos no se ha podido componer en términos de volumen de exportación. Habrá que estar monitoreando el mercado para detectar sus tendencias. Tal vez las presiones contra prácticas desleales de comercio y daño ambiental censurado en el comercio internacional, están surtiendo efecto en el monto de las exportaciones chinas. Este análisis del mercado acerero y siderúrgico no puede ser explicativo del resto como el textil y confección, electrónica, autopartes; pero genera pautas de entendimiento.

---

[16] Horno eléctrico y horno de aceración al oxigeno (EF y BOF por sus siglas en inglés).

Sin bien, los cálculos hechos con base en volúmenes pueden despertar dudas sobre la presencia China en Estados Unidos, veamos entonces cuales han sido las compras en dólares. El Cuadro 4 muestra ese comportamiento de las importaciones por tipo de producto; en productos planos México ha exportado más en los últimos años y como lo habíamos indicado más arriba, las exportaciones chinas de productos largos tal como perfiles estructurales, han capitalizado más mercado que las mexicanas, lo mismo que la tubería, la cual en términos de valor expresa una pérdida de mercado importante, que la colocó por debajo de las exportaciones mexicanas en 2010 y 2011. De suma importancia son las exportaciones de acero inoxidable chinas, que se encuentran muy por encima de las mexicanas.

Cuadro 4. Importaciones de Estados Unidos provenientes de China y México

(Miles de dólares) Año	2007	2008	2009	2010	2011
Productos planos					
México	1,166,105	1,436,966	411,958	821,054	1,064,131
China	539,042	796,328	186,514	310,750	548,850
Total	10,614,782	13,286,941	5,554,110	8,963,736	12,056,701
Productos largos					
México	850,646	1,234,957	827,004	943,857	915,229
China	1,739,705	2,085,959	1,205,135	1,240,897	1,317,916
Total	9,296,743	10,395,591	5,878,723	6,311,258	6,651,741
Tubería					
México	546,656	755,867	448,166	611,638	901,827
China	2,108,854	4,036,656	1,672,090	439,175	647,506
Total	9,351,907	14,314,338	7,540,347	7,664,857	9,898,742
Acero inoxidable					
México	58,441	39,707	32,223	34,027	44,270
China	777,765	783,819	319,849	280,467	445,357
Total	4,885,887	4,691,975	2,343,766	2,737,222	3,516,013

Fuente: Construcción propia con datos de la United States International Trade Commission (USITC).

En suma, cualquier cálculo que se haga al respecto deberá conducir a explicar una disputa por un mercado que sigue siendo muy competitivo y plagado de conflictos, que otorga privilegios a quien beneficie más a la economía Norteamericana. Sin lugar a dudas, hay otros factores que determinan la creciente presencia China, no sólo sus economías a escala, su fuerza laboral barata, su yuan subvaluado, los subsidios, etc. Hay variables exógenas, tal como redes entre grandes empresas consumidoras de productos de acero en Estados Unidos, que por razones de precio, seguramente para garantizar el abasto en tiempo y forma, por estrategias formuladas de largo plazo en respuesta al gran mercado Chino, etc.; y la distancia es una variable absoluta que no beneficia a China, que se expresa en los costos de transporte, como veremos más abajo.

Costos de transporte, estrategias de empresa y otras variables exógenas

Llevar los productos hasta el consumidor final incrementa los costos de producción y por tanto, los precios a que se venden al consumidor final. Para mantener un margen rentable entre las empresas los costos de transporte, empaque y embalaje no deben superar al valor de los aranceles de las mercancías exportadas decían los expertos en comercio internacional años atrás; esta relación de eficiencia era válida cuando todavía los aranceles representaban un alto porcentaje del valor de las mercancías exportadas.

En la actualidad, cuando las políticas de liberalización han colocado a los distintos países del mundo en igualdad de circunstancias (socios de OMC) para el pago de los impuestos del comercio internacional y en muchos productos han desaparecido por acuerdos de libre comercio, el costo de transporte sólo será cuantificable como una función directa de la distancia, el costo de los combustibles y las habilidades en logística para el traslado de las mercancías. Se involucran muchos otros procesos que incrementan los costos y tiempos de espera tanto en tierra, como en las aduanas. Las propias estructuras burocráticas que prolongan la salida de los productos al extranjero se traducen en costos de distribución y reducen las ventajas competitivas.

Este apartado intenta resumir algunas variables exógenas no analizadas por la mayoría de los analistas cuando estudian la competencia China por los mercados de Estados Unidos. Las redes ínter-empresariales entre grandes empresas transnacionales es una de ellas; con estas redes se garantizan segmentos de mercado, donde uno de los criterios es la calidad de producto, otro es la entrega a tiempo y un tercero es la certeza de suministros de largo plazo. Muchos estudios se han hecho ya sobre *alianzas estratégicas* y *coinversiones* entre grandes corporaciones para desarrollar productos e incursionar en diferentes mercados.

A pesar que la industria siderúrgica China se encuentra controlada por el Estado y pulverizada por todo el país,[17] grandes empresas acereras occidentales se han acercado a China para llegar a acuerdos comerciales con esas empresas. Seguramente estas empresas tienen contratos de suministro a empresas procesadoras de acero y comprar acero Chino a un precio más bajo en grandes cantidades, que comprarlo en México que sólo podría abastecerles un porcentaje menor, dada la poca capacidad disponible de su industria, como ha quedado demostrado más arriba.[18]

En principio hacemos un resumen de los costos de transporte comparativamente entre México y China para colocar los productos en el mercado de Estados Unidos. Tal como lo demuestra la geografía, una de las ventajas absolutas de México es la cercanía con su principal cliente y proveedor. Otra ventaja es el costo de la mano de obra pero no contra China, que paga más bajos salarios a sus trabajadores que México. Como es bien conocido, el transporte de carga de productos de acero se hace por mar por los chinos y por Tierra por los mexicanos. Para entender las ventajas entre ambos se consultaron algunos estudios con ese propósito.

En principio, las exportaciones de México a Estados Unidos cerca de un 70% se hacen por tierra y esa misma proporción a través de tractocamiones; las exportaciones por ferrocarril son mucho menores y por mar más aún. En un estudio realizado por Enrique Dussel a pedido del Banco Interamericano de Desarrollo (BID) "indica que

---

[17]   Se estima que en China existen cerca de 1,000 plantas acereras.

[18]   La presencia de Cartepillar en China es muy ilustrativa de las conexiones para el suministro de productos de acero al mercado americano. La noticia del 20 de agosto de 2012 por diversos medios escritos que señalan los intentos del gobierno mexicano de financiar con 2 mil 700 millones de pesos por importación de tubería y varilla para el proyecto El Zapotillo, demuestran el poder de atracción de la industria acerera China. La Jornada, lunes 20 de agosto de 2012, P. 27.

México pareciera ser relativamente competitivo en el transporte de comercio transfronterizo en sus exportaciones -con alrededor de 17 días y 1302 dólares para la exportación promedio de un contenedor- las exportaciones reflejan particularmente dificultades, con 23 días y 2,411 dólares y muy por encima de otros competidores" (Dussel 2008:2).

La mayor cantidad de días para la administración de cargas se traduce en mayores costos de exportación. A este hecho se pueden agregar otras variables tal como la calidad de las carreteras, que se traduce en mayores gastos de mantenimiento y reparación para los camiones y pólizas de seguros por la inseguridad creciente en años recientes. En México los costos de transporte representan en promedio el 3.6% de los costos totales de las importaciones se indica en el estudio realizado por Enrique Dussel.

Con base en un estudio de Hummels (1999) citado por el *informe* de Foro Económico Mundial[19] sobre el comercio, la tasa de flete ponderadas con arreglo al comercio en porcentaje de las importaciones fue de 3.8% para Estados Unidos en 1994, mientras que para Argentina fue de 7.5%, para Chile de 8.8%. La Conferencia de Naciones Unidas para el Comercio y el Desarrollo (UNCTAD) indican que para México representó 3.6% en 2006 (Dussel, 2008:5). Por productos, en Estados Unidos la maquinaria y equipo de transporte registró 2.0%, mientras que en Paraguay registró el más alto porcentaje, de 15.2%, que presenta el estudio de Hummels (cuadro IIB.2, P. 2).

No es posible analizar el transporte sin asociarlo a las carreteras. Existe además el transporte por ferrocarril, mar, aéreo y tubería. Desde la revolución industrial y hasta bien entrado el siglo XX, el ferrocarril movilizó el comercio por tierra; con el desarrollo de la industria automotriz, los camiones vinieron a desplazar al ferrocarril debido a su versatilidad que permite colocar la mercancía hasta los recintos de los almacenes; puerta a puerta desde el productor hasta el vendedor. En algunos países el transporte por tierra transporta

---

[19]   Foro Económico Mundial, *informe 2006-2007*.

el mayor porcentaje de comercio doméstico y regional, por el poco desarrollo del ferrocarril y por factores de la cercanía a los mercados de exportación, como es el caso de México que tiene a su principal mercado en Estados Unidos.

México transporta su mayor porcentaje del comercio por carretera debido a su estructura y la dirección de su comercio internacional. Los medios de transporte más eficientes hacen más competitivas a las empresas exportadoras vía costos y entrega a tiempo, toda vez que muchas empresas operan bajo la lógica de *Just in Time* para evitar inventarios. ¿Quién podría imaginar que China, dada su lejanía de Estados Unidos ha podido desplazar a México como su segundo socio comercial? Una explicación pudiese ser la estructura de sus costos con el uso de buques mercantes de gran tamaño; el otro, las redes ínter-empresariales entre las empresas transnacionales. El creciente desarrollo tecnológico para las comunicaciones ha permitido a China, Japón y otros países competir contra México, con costos de transporte que no merman sus niveles de ganancia.

Debido a la inexistencia de estadísticas sobre costos de transporte para México, Enrique Dussel utilizó las generadas por el *Bureau of Transportation Statistics* (BTS) y encontró que las importaciones terrestres provenientes de México las realizaron tracto-camiones en un porcentaje superior al 80 entre 1998 al 2006, mientras que el ferrocarril sólo transportó el 15.04% en promedio durante el mismo periodo (Dussel 2008: cuadro 5). En otros estudios sobre esta misma actividad se asegura que México y Brasil transportan por ferrocarril un aproximado del 20% del total de su carga, mientras que el resto de América Latina apenas lo hace en 5% (Barbero, 2011:50).

Los costos de las exportaciones mexicanas y chinas al mercado americano son muy distintos debido a la distancia y a los medios utilizados. Un cálculo realizado por Enrique Dussel respecto al valor de las importaciones de Estados Unidos se observa que desde México representaron el 1.70% en 1995, en 2000 bajaron a 1.13% y en 2006 fueron de 1.14%. En cambio para China fueron de 6.51, 7.55 y 6.26 respectivamente (cuadro 5).

Cuadro 5. USA, costo de transporte/valor de las importaciones, 1995-2006

(porcentajes)

Modo	1995	2000	2006
Totales			
México	1.7	1.13	1.14
China	6.51	7.55	6.26
Aéreo			
México	2.56	1.85	2.27
China	10.05	8.17	4.2
Marítimo			
México	5.11	3.3	1.88
China	6.19	7.6	7.12
Terrestre			
México	1.18	0.78	0.92
China	-	-	-

Fuente: Dussel Peters, Enrique (2008). Los Costos del Transporte en las Exportaciones Mexicanas, Working Paper 13, BID. Estrato del cuadro 4.

No obstante la gran distancia que separa a China de las costas de Estados Unidos, los costos de trasportación marítima en 1995 eran muy cercanos a los mexicanos como se aprecia en el cuadro. Desde el final de la década pasada bajaron hasta 1.88% del valor de las importaciones, mientras que para China, se han mantenido constantes e inevitablemente subieron por el precio de los energéticos con la crisis financiera global. Sin duda esta es la única ventaja absoluta contra china, la cercanía con Estados Unidos. De hecho, sus economías de escala que reducen los costos por unidad, así como muchas otras políticas de eficiencia administrativa, fiscales y de subsidios, contribuyen a borrar la única ventaja absoluta, que también tienen mucha validez para los mercados del acero. En Hummels (2006: tabla 8) también se puede apreciar este fenómeno con estadísticas del 2001, calculado como costos de exportación *ad valorem*, como por volumen.

Una variable exógena que contribuye al éxito comercial de China y el resto del mundo, son las redes de empresas, tal como las alianzas estratégicas, las coinversiones para formar otras empresas, adquirir patentes con empresas competidoras mediante firma de convenios, etc. En México tuvieron una fuerte presencia en la década de los noventa entre las pocas grandes empresas acereras mexicanas, con extranjeras. Esto generó el ambiente necesario para la venta de las mexicanas a corporaciones extranjeras Techint de Argentina y Arcerol Mittal.

Las siguientes notas son para demostrar la importancia de las redes entre empresas en el control de los mercados. A principios de 2000 Burnham James afirmó que más del 30% de las importaciones que hacía Estados Unidos en ese tiempo eran procesadas por los propios productores de acero (Corrales, 2006:75). En esa época China aun cuando se había colocado ya como la principal productora de acero en el mundo, dependía mucho de importaciones y los primeros arreglos comerciales entre empresas de gran tamaño la hizo con acereras japonesas y coreanas, que poseían una fuerte presencia en Estados Unidos (Mangum, *et al* 1996).

Más recientemente, hay evidencias que muestran la presencia China para realizar coinversiones en territorio de Estados Unidos. En mayo de 2010 la compañía China Anshan Iron & Steel Group Corp. más comúnmente llamada AnSteel, la más grande compañía propiedad del Estado, acordó invertir en la construcción de 5 empresas minimills en el territorio de este último para producir varilla corrugada y productos rolados planos lo que desató una controversia al interior del *steel caucus*, que congrega a los políticos del sector acero (Tang, 2010).

Rachel Tang describe también cómo otra compañía China productora de tubos, la Tianjin Pipe Corp. (TPCO) planeó la construcción de una empresa en Texas en 2010, que generará empleo para cerca de 600 trabajadores. El proyecto fue cuestionado por la Unión de Trabajadores del Acero; sin embargo el proyecto fue aprobado. El hecho representa la reconquista de un mercado de tubería que estuvo controlado por China desde el 2005, que experimentó una fuerte caída con la crisis financiera global y eventualmente, podrá recuperarse con estas inversiones y conexiones con la propia industria estadounidense.

Conclusiones

Desde la liberalización de la economía mexicana en la década de los ochenta, la industria manufacturera mexicana no ha podido alcanzar altas tasas de crecimiento y esto se ha expresado en diversos sectores industriales como la industria siderúrgica, que no ha podido recomponer su balanza comercial. Los procesos de reestructuración y modernización para hacerle frente a la apertura comercial desde el ingreso al GATT ahora OMC y posteriormente al entrar en operación el TLCAN, la obligaron a invertir cuantiosas sumas para hacerse competitiva.

A mediados de la década pasada las principales empresas acereras y siderúrgicas mexicanas fueron vendidas a consorcios extranjeros, lo que significó la conclusión de una fase crítica en la globalización de esta industria, cuyos nuevos propietarios tienen mayor capacidad financiera, amplios mercados y arreglos inter-empresariales para su acceso. Aun cuando esta industria se ha mantenido operando y ha incrementado su capacidad instalada, se ha visto presionada por la competencia China.

La presencia China en las importaciones de América Latina, México, pero particularmente en Estados Unidos, ha puesto de cabeza a los industriales del acero y otros sectores industriales con fuerte demanda de componentes de acero. El déficit comercial con China por todos los países de la región y la pérdida de importantes segmentos de mercado, ha llevado a la conclusión que está desindustrialización México, por la pérdidas de empleo y volumen físico en varios sectores industriales como la textil y confección, electrónica, autopartes, entre otros.

Para los industriales del acero en México la colocación de China como segundo socio comercial de Estados Unidos a mediados de la década pasada, ha incendiado los focos rojos. Una vez revisada la capacidad productiva y exportadora de este sector industrial y comparada con la China, se concluye que la única ventaja absoluta que se posee es la distancia, mientras que China posee ventajas relativas en salarios, valor de su moneda, subsidios, una producción masiva a costos por unidad más bajos, que las de México.

En los cálculos sobre penetración de las exportaciones chinas y mexicanas al mercado americano se observa que sólo en tubería y productos largos los chinos alcanzaron una ventaja enorme para abastecer ese mercado desde el 2005. También se observa que hay productos para los cuales México no posee el nivel de producción competitivo para abastecer ese mercado, sobre todo acero inoxidable y otras aleaciones con alto valor agregado, que China si exporta. Con la crisis financiera global, la tendencia de las exportaciones de ambos países se precipitó, y China fue la más dañada, hecho que se explica por la ventaja absoluta que poseemos: la distancia de mercado.

En efecto, al revisar los costos de transporte se hace evidente esta diferencia a favor de México, cuyos costos de transporte son más bajos. Con sólo esa ventaja no se podrá competir contra China en el largo plazo; el riesgo de pérdida de mercado relativo se hará evidente. La industria mexicana y la acerera en particular, tienen que aumentar su producción para alcanzar esa capacidad de abasto, que en la cultura industrial se expresaría como una mayor predilección por producir acero, que fue abandonada desde los procesos de privatización a principios de la década de los noventa.

En suma, sin una producción masificada como la China, no habrá ventaja absoluta que valga para sostener segmentos de mercado. No se le puede apostar a ciclos cortos de crisis para retirar del mercado americano a los chinos, es mejor apostar a la prosperidad incrementando la producción a precios más accesibles para todos los mercados. Con la gran producción China de todo tipo de productos desde *commodities* hasta productos terminados de alta tecnología, la competencia se hará presente aquí, en Estados Unidos y el resto del mundo. Para desafiar ese reto se tiene que incrementar la producción, la productividad y la tecnología en todas las actividades industriales.

Bibliografía

Barbero, José A., 2011, La Infraestructura en el Desarrollo Integral de América Latina. Diagnóstico estratégico y propuestas para una agenda prioritaria, CAF, en: http://segib.org/actividades/files/2012/05/ideal2011.pdf, consultado en enero de 2012.

CANACERO., *Perfil de la industria siderúrgica mexicana*, 2002, 2005 y 2011, http://www.canacero.org.mx, descargados en diciembre de 2003 y junio de 2006.

Corrales C. Salvador, 2006, Redes productivas en la industria acerera. El Caso de Altos Hornos de México, S. A. 1982-2002, Tijuana, Baja California, El Colegio de la Frontera Norte.

Corrales C. Salvador, 2007, "Alianzas, fusiones y adquisiciones en la industria siderúrgica", Economía y Sociedad, número 20 (especial de aniversario), San Nicolás de Hidalgo, Morelia Michoacán, Universidad Vasco de Quiroga, Facultad de Economía.

Cruz Soto, Luis Antonio [ponencia], 2002, La difícil relación México-EUA: El TLCAN y el comercio desleal, el caso de la industria siderúrgica, México, D. F., V, Foro de la Investigación en la disciplina financiero-administrativa, Octubre, UNAM; División de Investigación de la Facultad de Contaduría.

De María y Campos, Mauricio, *et al.*, 2008, El Desarrollo de la industria mexicana en su encrucijada, México, D. F., Universidad Iberoamericana e Instituto de Investigaciones sobre Desarrollo Sustentable y Equidad Social.

Dussel Peters, Enrique, 1997, La Economía de la Polarización, teoría y evolución del cambio estructural de las manufacturas Mexicanas (1988-1996), México, D.F., Editorial Hus y Universidad Nacional Autónoma de México.

Dussel Peters, Enrique, 2008, Los Costos del Transporte en las Exportaciones Mexicanas, Working Paper 13, BID. Estrato del cuadro 4.

El Mercado de Valores, 1993, *Decreto que promueve la creación de empresas integradoras*, núm. 10, México, D. F., Nacional Financiera.

Gutiérrez Romero, Elizabeth, 1993, "La Industria Siderúrgica Estadounidense: Consideraciones para el Comercio con México", Momento Económico, núm. 67, Facultad de Economía de la UNAM.

Hummels, David 2006, The role of geography and size, IDB extranet, en: <http://idbdocs.iadb.org/wsdocs/getdocument.aspx?docnum=33036624 >, consultado en Octubre 2011

INTAL 173 (2011). La Penetración de los productos Chinos en las importaciones de los países del MERCOSUR.

Mangum, Gart L., *et al,*1996, Transnational marriages in the steel industry. Experience and lessons for global business, USA, Quorum Books.

Mendes de Paula, Germano y Ernesto Cervera, 2011, Desarrollo de la Cadena de Valor Metalmecánica Latinoamericana, CANACERO, en: http://www.canacero.org.mx/archivos/Prensa/Comunicados/MetalMecanica/EstudioCompleto_MetalmecanicaEnMexico.pdf, consultado en octubre de 2011.

Nacional Financiera, El Mercado de Valores (1993:núm. 10), México D. F.

New Steel, 2001, Nucor leads minimills into hot-rolled case, en: www.new-steel.com/2001, consultado en junio de 2002

Norris, Clement C. *et al.*, 1983, Economía, enfoque América Latina (segunda edición), México, McGraw Hill.

Rueda Peiro, Isabel, 1994, Tras las Huellas de la Privatización de Altos Hornos de México (coord.), México, Siglo XXI/IIE-UNAM.

Tang, Rachel [report], 2010, China's Steel Industry and Its Impact on the United States: Issues for Congress, Congressional Research Service, 7-5700, en: http://digital.library.unt.edu/ark:/67531/metadc31374/m1/1/high_res_d/R41421_2010Sep21.pdf, consultado en agosto de 2012.

NASTC (2007). "The NAFTA Steel Industry Pulse". Consultado en la página de CANACERO en Marzo de 2007.

Villarreal, René, 2000, Industrialización, Deuda y Desequilibrio Externo en México. Un enfoque macroindustrial y financiero, (1929-2000), México, Fondo de Cultura Económica.

World Steel Association, 2010, *Steel Statistical Yearbook*, 2010, en: http://www.worldsteel.org/?action=publicationdetail&id=10, consultado en Julio de 2012

CAPITULO IV
Inversión extranjera directa y encadenamientos productivos en la industria automotriz mexicana

Nube Rodríguez Cruz
Escuela Superior de Economía
Instituto Politécnico Nacional

José Ignacio Martínez Cortés
Profesor-Investigador
Facultad de Ciencias Políticas y Sociales
Universidad Nacional Autónoma de México

Omar Neme Castillo
Profesor-Investigador
Escuela Superior de Economía
Instituto Politécnico Nacional
Investigador Nacional-CONACYT (SNI Nivel I)

Introducción

En las últimas décadas el gobierno mexicano ha aplicado políticas económicas de atracción de inversión extranjera directa (IED) como estrategia para el crecimiento económico, pues se considera que tiene beneficios como procesos de producción avanzados, nuevas formas de organización, internacionalización de empresas, creación de empleos, utilización de nuevas tecnologías (Druténit, 2004), aumento de exportaciones y mayor valor agregado nacional.

En particular, Dunnnig y Narula (2004) plantean la posibilidad de generar encadenamientos productivos de empresas nacionales (EN) con trasnacionales (ET). Esta integración se da ya que, de acuerdo a los modelos de fragmentación de la producción, diferentes etapas de la producción pueden realizarse en diferentes países, por lo que la cadena de producción se conformaría por filiales de ET o por la contratación de terceros (Sotomayor, 2009). La inserción de las empresas domésticas en las cadenas internacionales de producción depende de las capacidades tecnológicas que aquellas, como proveedoras, tengan para cumplir los requisitos de producción exigidas por ET (Dunning, 1995).[20]

De esta manera, la industria automotriz ha sido clave en la modernización e integración de México en la economía mundial por medio de la IED (Dussel, *et al.*, 2003). Con la firma del TLCAN se consolidaron las bases para un mayor flujo de IED, que posibilitó el aumento de la capacidad productiva de ensambladoras y de la demanda de autopartes a proveedoras nacionales impulsando, aparentemente, el empleo, producción, ventas y exportaciones. Sin embargo, estos encadenamientos han estado limitados dada las diferencias tecnológicas entre proveedoras y ensambladoras, las que sólo contratan proveedores que cumplan exigencias de calidad, cantidad y tiempo, para mantener así una cadena de producción internacional competitiva.

Lo anterior se aprecia en la baja participación en la cadena de producción del sector autopartes nacional respecto a la generación del valor en el sector automotriz. De acuerdo con la CEPAL (2009) los proveedores mexicanos abastecen componentes y sistemas que constituyen solo 25% del valor de un vehículo. De esta manera, el reto para la industria automotriz y, particularmente, para el subsector de autopartes en México es el incremento de su competitividad para convertirse verdaderamente en proveedores de calidad e insertarse en la red internacional de producción de las grandes ensambladoras extranjeras. En vista de lo anterior, este trabajo analiza

---

[20] La inserción de empresas nacionales en la cadena productiva de ET también depende de las decisiones de la matriz, pues buscan garantizar la estabilidad de los flujos comerciales entre subsidiarias, la protección de ventajas industriales y el control del proceso de producción (Dunning y Narula, 2004).

el comportamiento del sector de autopartes nacional en función de la IED en ensamble, para determinar si esta inversión generó encadenamientos productivos durante 1999-2008, medidos en términos de producción, ventas, empleo e IED en autopartes.

El resto del documento se estructura en tres apartados. En el siguiente se revisan aspectos teóricos de la IED e integración productiva, que explican la presencia de ET. La sección tres describe antecedentes y situación actual de la industria automotriz mexicana (IAM). Después se realiza un estudio econométrico que relaciona la IED en ensamble con la actividad económica en autopartes. Por último se muestran las conclusiones.

IED y encadenamientos productivos: algunos aspectos teóricos

Para las ET la participación en nuevos mercados aumenta con la liberalización comercial y desregulación de la IED en varios países. Al respecto, Dunning (2001) explica las estrategias de localización en el ámbito internacional. Brevemente, señala que las ET buscan factores productivos a costos menores en países extranjeros para explotar directamente una ventaja; por lo que en general, realizan una inversión vertical que se orienter a la exportación y al abastecimiento de insumos. Partiendo de este enfoque, se acepta que las ET poseen tecnología y habilidades superiores. Por tanto, las filiales de las ET compiten con éxito con las empresas locales, que conocen más el mercado local pero tienen menos ventajas de propiedad que las primeras.

Cuando las ET internalizan su ventaja de propiedad, también deciden la estructura de la cadena de producción, que puede integrar a una filial o a EN. En este sentido, Narula y Marín (2005) señalan que para que se establezcan relaciones proveedor-comprador entre firmas nacionales y extranjeras, se deben considerar dos factores: la actividad de las ET y la capacidad de absorción de las EN. Respecto al primero, se considera que la naturaleza de la IED influye en la brecha tecnológica. Esto se refiere la estrategia global de la ET, que determina la cadena de valor operada desde el extranjero garantizando un abasto competitivo. Respecto al segundo, Dunning y Narula (2004) señalan que no hay aprendizaje libre, es decir, las EN deben contar con activos y tecnología necesarios para beneficiarse de la IED. Es decir, sin un conocimiento tecnológico mínimo no pueden integrarse a la red internacional de las ET.

De este modo, uno de los efectos de mayor relevancia de la IED es la creación de encadenamientos productivos con EN (vínculos comprador-vendedor).[21] Los encadenamientos son reforzados por vínculos derivados de la capacitación e instrucción a proveedores locales, subcontratistas y clientes; permitiendo la transferencia de tecnología, acceso a mercados y fomento de la competitividad (Narula y Marín, 2005).

Así, una vez que la empresa decide instalarse en cierto país hay dos tipos de integración productiva que puede realizar: *i*) división de la producción en etapas secuenciales en diferentes países, que de acuerdo a Bajo (1991) es el contenido importado de la producción que se exporta, caracterizado por adquisición de materia prima para aprovechar economías de escala; *ii*) integración horizontal, que comprende la producción en el exterior de un bien diferenciado que también se produce localmente (Markusen y Venables, 1999).

En este sentido, Arndt y Kierzkowski (2001) señalan que la fragmentación internacional de la producción es la segmentación de la cadena productiva, en donde las actividades de cada eslabón son realizadas en diferentes países, independientemente de la pertenencia a una misma ET. De este modo, las cadenas consisten en una serie de eslabones relacionados con la producción de materia prima, manufactura, distribución y ventas; comprendiendo importantes segmentos de un número de empresas interdependientes.

Por otro lado, existe una limitada evidencia empírica respecto a la relación entre IED y encadenamientos productivos. No obstante, Gorg y Greenaway (2003), en un estudio de 40 ET, analizan la relación de

---

[21]   Estos encadenamientos pueden ser hacia atrás mediante la relación proveedor comprador de materias primas, componentes, servicios y hacia delante mediante ventas a industrias de productos intermedios o finales, con la incorporación de las empresas locales (CEPAL, 2009).

éstas con EN. Reportan resultados positivos y significativos en 19 de ellas, la mayoría en países desarrollados. En el 30% de los casos encontraron una relación comprador-proveedor de las ET con EN. Atallah (2006), señala que las relaciones proveedor-comprador que las ET establecen con firmas locales tienen efectos en las ventas y en la mejora de la productividad de las últimas.

En contraste, Stancik (2007) analiza el efecto de la IED en las ventas de las firmas domésticas de la República Checa con datos de panel a nivel industrial en 1995-2003; encuentra que los inversores extranjeros no contribuyen al crecimiento de las firmas locales y que por tanto no hay encadenamientos productivos. Finalmente, Smarzynska (2004), en un análisis sectorial en Lituania (1996-2000), relaciona el nivel de productividad de las empresas locales con la IED, encontrando una relación ambigua.

Industria automotriz Mexicana e IED

La industria automotriz ha sido un elemento clave en la estrategia de integración de México en la economía mundial mediante la atracción de IED. Los cambios en la industria automotriz mundial y el papel del gobierno mexicano desde la creación de la IAM han sido fundamentales. Para atraer ensambladoras a México, además de Ford Motor Company (establecida en 1925), se publica un decreto que rebajó las tarifas de importación en 50% y estableció la exención fiscal (Brown, 2005).[22] Durante el periodo, todas las autopartes se importaron limitando la demanda de partes nacionales (De la Garza, 2005). Esto llevó a la promulgación de diferentes decretos buscando que la industria terminal incluyera autopartes mexicanas

---

[22] De acuerdo con Middlebrook (1991) General Motors (GM) se establece en 1935 y Chrysler en 1938. En los siguientes 15 años se instalaron dieciocho empresas extranjeras, a saber: Ford Motor Company (1925), Automotriz O'Farril (1935), General Motors (1935), Fabricas Automex (1938), Automotriz de México (1941), Automotriz Lozano (1944), International Co México (1944), Equipos Automotrices (1945), Armadora Mexicana (1945), Willis Mexicana (1946), Automóviles Ingleses (1946), Diesel Nacional (1951), Autos Packard (1951), Studebaker Packard de México (1953), Representaciones Delta (1953), Volkswagen Mexicana (1954), Planta Reo de México (1955), Industria Automotriz (1958).

(Carrillo, 1987). La protección al sector autopartes con porcentajes de contenido nacional generó bases incipientes para encadenamientos de empresas nacionales con ET.

Sin embargo, dada la necesidad de eficiencia en la producción y la apertura comercial, el gobierno redujo el contenido nacional de autopartes. En los decretos de 1989, se permitió que las ensambladoras con balanza comercial equilibrada importaran vehículos. Además, la industria automotriz se reestructuró para enfrentar la competencia japonesa en el mercado estadounidense, por lo que las filiales de EU iniciaron un proceso de desintegración vertical y racionalización del abastecimiento reduciendo el número de proveedores y demandando un servicio integral a proveedoras transnacionales en México o de empresas nacionales.

La orientación hacia los mercados de exportación se consolidó con el TLCAN donde se fijó en 50% el contenido mínimo en la manufactura de vehículos en los primeros cuatro años y 0% para 2004; provocando que la proveeduría de autopartes nacionales se redujera. Las empresas terminales establecieron alianzas o coinversiones con proveedores internacionales para evitar la dependencia de proveedores exclusivos (Brown, 2005). Desde 2004 las ensambladoras no están obligadas a incorporar autopartes nacionales, provocando venta o cierre de EN reduciendo la opción de inserción en la cadena internacional.

Por otro lado, la IAM se estructura en terminal y en autopartes. Las ensambladoras son las empresas líderes de la cadena formada por siete empresas: Chrysler, Ford, GM, Nissan y Volkswagen, que concentran el 94% de la fabricación en 2008 (AMIA, 2009).[23] En ese año existían 20 plantas de ensamble, más de 2 mil fábricas de partes y componentes, 345 en el primer nivel.[24] El 70% de las proveedoras eran

---

[23]   Esta industria se caracteriza por la intensidad del capital y tecnológica y por barreras a la entrada en producción y diseño. En México, la producción de la IAM es dominada por el productor, esto es, las grandes ET controlan el sistema de producción (incluyendo vínculos hacia adelante y atrás) (Gereffi, 1994).

[24]   Los proveedores se clasifican según los destinatarios de sus productos. Los del primer nivel, por lo general de mayor tamaño, abastecen directamente a los fabricantes de automóviles y compran insumos a otros proveedores

extranjeras, básicamente estadounidenses (CEPAL, 2009).[25] Las firmas de autopartes con capital extranjero tienen una mayor capacidad para innovar y así una mayor seguridad contractual con las ensambladoras; son de mayor tamaño y pertenecen a sistemas internacionales de producción integrada de ET (como Delphi o Visteon), con tecnología propia (Mortimore, 2005).

Por otro lado, al revisar distintos indicadores económicos (producción, empleo, ventas, importaciones, exportaciones e IED) de los sectores ensamble y autopartes se tiene una perspectiva integral del comportamiento de la IAM. Así, el ritmo de producción se redujo en los últimos años debido a problemas económicos en Estados Unidos (EU), país de origen de las tres mayores armadoras en México. Después de un crecimiento real anual de 14.3% en 2006, bajó a 3.6% en 2008 (gráfica 1). Esta reducción se debe al cierre temporal de plantas de ensamble, como Ford en Cuautitlán (Quiroz, 2008).

pertenecientes al segundo y al tercer nivel. Los niveles inferiores proveen materias primas y componentes básicos (CEPAL, 2009); se componen principalmente por capital nacional (Mortimore, 2005), y agregan poco valor.

[25] La cadena automotriz está integrada por 43 ramas productivas, de las cuales 40 son manufactureras y 3 de comercialización de vehículos. Entre las 33 principales ramas de apoyo de la industria manufacturera se encuentran las de fabricación de textiles, acero y accesorios de plástico entre otras, que suministran bienes intermedios para la fabricación de vehículos y autopartes.

Gráfica 1. Producción del sector automotriz
(millones de pesos de 2003)

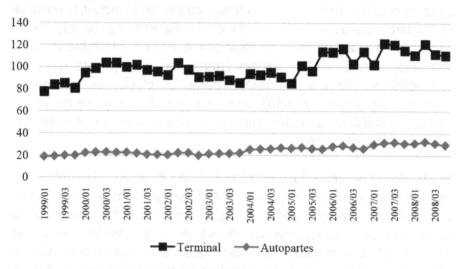

Fuente: elaboración propia con datos de INEGI.

Gráfica 2. Relación entre IED en ensamble y producción en autopartes
(millones de pesos de 2003)

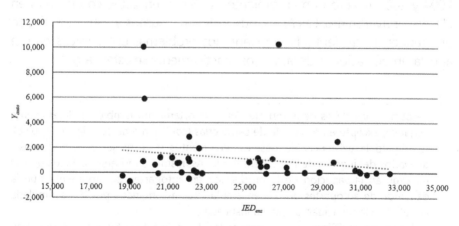

Fuente: elaboración propia con datos de INEGI.

Asimismo, el comportamiento de la producción en autopartes por lo general no corresponde a las variaciones de la producción en ensamble, excepto en fabricación de motores. Esta clase es en promedio 48% de la producción de autopartes y se integra básicamente por empresas extranjeras. La participación de autopartes es baja en comparación con la de ensamble y, dado que su comportamiento no se corresponde con el de la industria terminal se sugiere que ésta no demanda de forma importante autopartes nacionales. En la gráfica 2, se relaciona la IED en ensamble (*IEDens*) con la producción de autopartes (*Yaut*), bajo el supuesto que esta producción se vende a las ensambladoras. La relación es ligeramente negativa, sugiriendo un débil vínculo entre *IEDens* y *Yauto*, y, por tanto, que la IED no genera encadenamientos o, alternativamente, que hay desencadenamientos.[26]

En cuanto a las ventas, la crisis global de 2008 provocó la contracción de la demanda de autos nuevos y el financiamiento a compradores y fabricantes de autos (CEPAL, 2009). La relación de las ventas con la generación de encadenamientos deriva de la proyección de ventas de las ET de determinados vehículos, que influye en la demanda de autopartes. Así, la crisis afectó a fabricantes de automóviles (gráfica 3). La *Vens* son en promedio 75% del total de la producción de la IAM en el periodo, mientras que *Vauto* 25%. En la gráfica 4 se aprecia un débil vínculo positivo entre *IEDens* y *Vaut*.[27] Asimismo, de 1999 a 2001 el crecimiento de las exportaciones de la industria terminal fue 1.8%. Entre 2004 y 2007 tuvieron un crecimiento del 5%, y en 2008, con la crisis en EU, disminuyeron 4%. Las *Mens*, que incluyen insumos y vehículos, tienen una tendencia creciente. No obstante los problemas económicos en ese año, las importaciones de vehículos prácticamente se estancaron.[28]

---

[26] Respecto a las clases de autopartes, el comportamiento también es ligeramente negativo, excepto en ensamble de carrocerías (coeficiente de correlación es 0.58), sugiriendo la existencia de desencadenamientos en este sector a nivel clase, derivados del ingreso de IED en ensamble. Asimismo, dado que los flujos de IED no explican la variación de la producción en autopartes, se argumenta que la demanda de autopartes por las ensambladoras es originada por IED acumulada vinculada a la capacidad de planta instalada.

[27] En la relación de *IEDens* con las ventas en las clases de autopartes; *fmp* y *fsf* muestran un comportamiento positivo. Por tanto, un incremento de *IEDens* genera un incremento en ventas en estas clases, como resultado del incremento de una mayor demanda. La clase *fss* muestra un comportamiento ligeramente positivo; mientras que *ec* tiene una relación claramente negativa y el *fpst* es tenuemente negativo.

[28] Las importaciones en el sector autopartes tienen un comportamiento creciente, indicando que parte de los insumos para ensamble final son importados,

Gráfica 3. Ventas del sector automotriz
(miles de pesos de 2003)

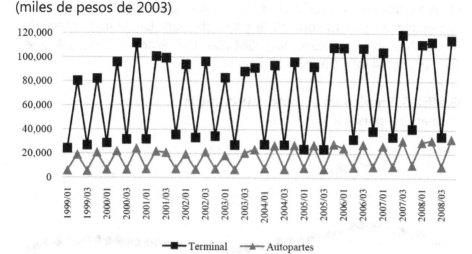

Fuente: elaboración propia con datos de INEGI.

Gráfica 4. Relación entre IED en ensamble y ventas en autopartes
(millones de pesos de 2003)

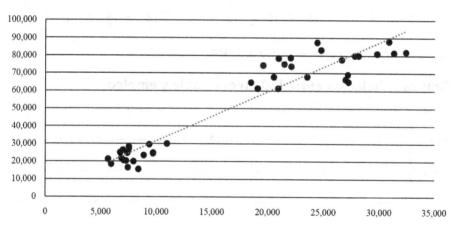

Fuente: elaboración propia con datos de INEGI.

Los empleos generados por la IAM alcanzan 480 mil con una contribución al PIB manufacturero de 14.3% (AMIA, 2007); sin embargo el empleo ha disminuido, especialmente en autopartes sugiriendo desencadenamientos.

resultado de la crisis mundial (gráfica 5). Dada esta reducción y el aumento en la producción, se asume que este incremento se acompaña de una mejora en la productividad. Las plantas afectadas fueron Nissan (Aguascalientes); GM (San Luis Potosí y Ramos Arizpe); Ford (Hermosillo) y Chrysler (Coahuila).

Gráfica 5. Empleo en el sector automotriz
(número de personas)

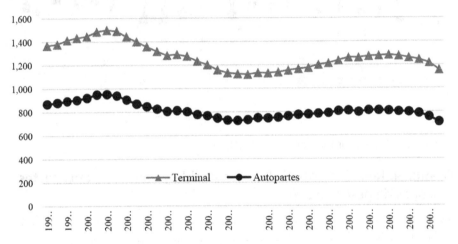

Fuente: elaboración propia con datos de INEGI.

Gráfica 6. Relación entre IED en ensamble y empleo

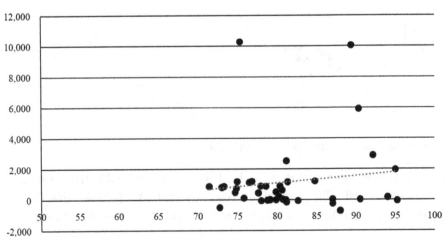

Fuente: elaboración propia con datos de INEGI.

El empleo generado por autopartes es en promedio 64%. Cabe esperar que un aumento de empleos en la industria terminal por incrementos de la producción, también genere empleo en los demás eslabones de la cadena, dado el incremento en la demanda de componentes. Respecto a la relación de *IEDens* con la creación de empleo en las clases de autopartes, existe un comportamiento positivo, con excepción de fabricación de otras partes y accesorios. Así, cuando aumenta *Lens* crece *Lauto* (gráfica 6).

Por último, la presencia de IED transformó la IAM de una centrada en el mercado nacional a una orientada a EU (CEPAL, 2005). En este contexto, del 2000 a 2003 hay una tendencia decreciente de la IED, que se revierte para alcanzar en 2004 el valor máximo (gráfica 7). Esto refleja las inversiones en ensamble donde las más importantes fueron de Ford (mil millones de dólares en Hermosillo); Toyota (140 millones de dólares en Tijuana) y Daimler Chsrysler (300 millones de dólares en Toluca). Estas inversiones buscaban incrementar la competitividad y mantener su mercado en EU (CEPAL, 2009). En 2005 se reinicia la tendencia decreciente dados los problemas económicos de las armadoras de EU.[29] Se aprecia una relación positiva entre *IEDens* e *IEDauto*, implicando que aumentos en *IEDens* generan aumentos en *IEDauto* como una forma de expansión de la capacidad productiva de las firmas en este sector (gráfica 8).[30]

---

[29] En general, las autopartes han cobrado importancia en términos de la IED captada por la IAM, lo que permite suponer cierto desplazamiento de la producción de EU hacia México desde el 2003.

[30] Para el periodo, los incrementos de IED en ensamble se corresponden con mayor inversión de autopartes. Las clases que mostraron un comportamiento positivo fueron *fmpy fopa* como resultado de una mayor promoción de la IED con el TLCAN. La única clase con asociación negativa con la *IEDens* es *fsf*, lo que sugiere que una mayor *IEDens*, lleva a una desinversión en ésta.

Gráfica 7. IED en el sector automotriz
(millones de pesos de 2003)

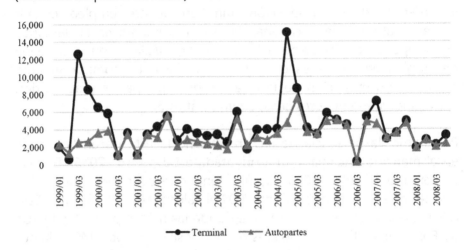

Fuente: elaboración propia con datos de INEGI.

Gráfica 8. Relación entre IED en ensamble e IED en autopartes
(miles de pesos de 2003)

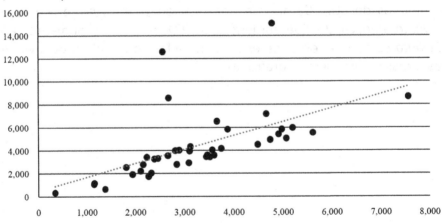

Fuente: elaboración propia con datos de INEGI.

De forma general, se observa una relación débil de la *IEDens* con las clases de autopartes en producción, ventas, empleo e IED, indicando una frágil generación de encadenamientos con el sector de autopartes nacional. Este comportamiento hace vulnerable al sector, ya que depende de las relaciones comerciales con EU.

Una estimación de los encadenamientos

Para la especificación del modelo econométrico se tienen datos trimestrales por clase de autopartes en1999-2008, lo que permite estimar la influencia de la IED a través de una metodología de series de tiempo. Se estiman distintas especificaciones para un análisis integral del efecto de *IEDens* en diversas variables económicas.

Datos y planteamiento del modelo

Las variables explicativas son: *i*) tasa de crecimiento del PIB (*tcpib*), en porcentajes; se espera que una mayor economía aumente la demanda de automóviles y, en consecuencia, la producción en la cadena; *ii*) índice de confianza del consumidor (*icc*); una mejor percepción incentiva el consumo y, por ende, la demanda automóviles y sus partes; *iii*) producción de ensamble (*Yens*), en miles de pesos, las variaciones en producción se reflejan en el sector de autopartes; *iv*) empleo en ensamble (*Lens*), en número de personas; un aumento en el empleo influye positivamente en el desempeño económico en autopartes; *v*) importaciones en ensamble (*Mens*), en miles de pesos; se espera que un incremento en importaciones afecte negativamente la demanda de autopartes nacionales; *vi*) exportaciones en ensamble (*Xens*), en miles de pesos, al aumentar la demanda externa se estimula la cadena de producción; *vii*) inversión extranjera directa en ensamble (*IEDens*), en miles de pesos; se espera que un aumento en *IEDens* se refleje en producción, ventas, empleo o inversión en autopartes. Los datos se toman del INEGI y Banxico.[31]

Dada una variación en alguna de las variables de ensamble, se espera una respuesta en autopartes, reflejándose en: *i*) IED en autopartes (*IEDauto*), en miles de pesos con fuente Secretaría de Economía; *ii*) producción en autopartes (*Yauto*), en miles de pesos; *iii*) ventas en autopartes (*Vauto*), en miles de pesos; *iv*) empleo en autopartes (*Lauto*), en miles de personas. Los datos de las tres últimas se toman

---

[31]   Se emplea el índice de precios al productor en productos metálicos, maquinaria y equipo y el índice de precios al consumidor de Banxico, con año base 2003 para deflactar los datos.

de INEGI. Estas variables se estudian en cada clase de autopartes para determinar la incidencia de una variación en *IEDens*. Así, se proponen cuatro especificaciones por clase de fabricación: 1) y ensamble de carrocerías y remolques (*ec*); 2) de motores y sus partes (*fmp*); 3) de partes para el sistema de transmisión (*fpst*); 4) de partes para el sistema de suspensión (*fss*); 5) de partes y accesorios para el sistema de frenos (*fsf*); 6) de otras partes y accesorios (*fopa*)).

Por otro lado, dada la inestabilidad de las variables consideradas se evalúan los encadenamientos en el sector automotriz con técnicas de cointegración. En este sentido, la cointegración implica que un grupo de series no estacionarias es estable en el largo plazo mediante una combinación lineal. Asimismo, dada esta relación, en el corto plazo la dinámica de las variables corrige el desequilibrio en periodos futuros. Así, se emplea la metodología de Johansen y Juselius (1990), que establece el rango de cointegración y, mediante restricciones sobre el VAR, las elasticidades de corto plazo. Siguiendo a Goldstein y Khan (1986) se requiere un método que trate el problema de la simultaneidad estructural; en consecuencia, se usa el modelo de corrección de error, que incorpora términos dinámicos.

De este modo, las diferentes variables asociadas con el sector automotriz (producción, ventas, empleo, IED) se entienden como de estado estacionario condicionado al valor de equilibrio de las variables independientes; por ende, todo desequilibrio de esta relación en el corto plazo sólo es transitorio. Para construir el VEC, Johansen (1995) parte del modelo: $X_t = \alpha_0 + \alpha_1 t + \Pi_1 X_{t-1} + \Pi_2 X_{t-2} + ... + \Pi_k X_{t-k} + \Phi D_t + \varepsilon$. Esta ecuación es una configuración de vectores autorregresivos (VAR) de orden *k* que representa las *m* variables endógenas como una función de los valores rezagados de las *m* variables endógenas y de las *n* variables exógenas (Patterson, 2000). X_t es un vector de longitud *m* con la información de las variables del modelo (*m* variables no estacionarias I(1)); y X_{t-i} son vectores de longitud (*m+n*); a_t es un vector de constantes; D_t es un vector con variables dummies y variables exógenas no estocásticas y ε_t es el vector de residuos. El proceso autorregresivo, definido en la expresión anterior, al incorporar la forma de corrección de error, genera las primeras diferencias y niveles y, por tanto, los efectos de corto y largo plazos.

Se realiza un análisis de cointegración que incluye el VEC, pues se quiere determinar la influencia de la *IEDens* como variable base, en conjunto con otras variables de control, en la actividad económica del sector autopartes (*SA*). Las series se expresan en logaritmos por lo que reflejan elasticidades. Los modelos se especifican como:

$$SA_i = \alpha_0 + \alpha_1 TCPIBT + \alpha_2 ICC + \alpha_3 V_{ens} + \alpha_4 Y_{ens} + \alpha_5 L_{ens} + \alpha_6 X_{ens} + \alpha_7 M_{ens} + \alpha_8 IED_{ens} + \varepsilon;$$ donde, *A=IED, Y, V, L; i=ec, fmp, fpst, fss, fsf, fopa*. Se estiman cuatro modelos por clase.

Resultados

El cuadro 1 muestra los resultados luego de las correcciones pertinentes.[32] En la primera columna se muestran las variables dependientes que miden la generación de encadenamientos en el sector automotriz para cada clase. En general, en el largo plazo los resultados son los esperados excepto para *IEDens*. Esto es, producción, ventas, empleo e IED son afectados positiva y significativamente por las variables explicativas. La elasticidad promedio es negativa pero baja (-0.038%).

---

[32]   La prueba de raíz unitaria Dickey-Fuller Aumentada (DFA) determina orden de integración uno de las series. Los criterios de Akaike y Schwarz establecen que el número óptimo de rezagos es dos. Se encuentra una relación de cointegración. Se determinó, mediante la prueba de causalidad de Granger que existe una relación causal que sistemáticamente va de las variables explicativas a las asociadas con la actividad económica en autopartes. La causalidad es de *icc* al resto de las variables en 11 relaciones, 21 para *tcpib*, 23 para *Yens*, 16 para *Lens*, 23 para *Mens*, 22 para *Xens* y 22 para *IEDens*. La prueba de exogeneidad conjunta establece que todas las variables son exógenas débiles al 5% de significancia, excepto para las ecuaciones asociadas a *Vec, Vfpst* y *Lec*; se observa que ninguna de las variables puede ser excluida del sistema. Por ende, se considera como adecuado el modelo estimado. Asimismo, de acuerdo con la prueba DFA, los residuos del VEC son estacionarios en niveles al 5% de significancia. Además, la prueba Portmanteau acepta que no hay evidencia de autocorrelación, dado que la probabilidad es mayor a 0.05% de significancia en el retardo uno. No se rechaza la nula de normalidad conjunta de los residuos. El estadístico LM-ARCH, acepta la hipótesis nula de no existencia de heteroscedasticidad condicional autorregresiva. Por último, el VEC es estable pues las raíces invertidas del polinomio rezagado caen en el círculo unitario.

En particular, el *icc* afecta sistemáticamente las ventas de cinco clases (excepto *fpst*), el empleo en tres clases (*fmp* y *fsf*, positivamente y a *fpst*, negativamente), la producción de *fss* y *fopa* con signo positivo. *tcpib* tiene mayor alcance en el empleo al afectar positivamente a *ec*, *fmp*, *fsf* y *fopa* y negativamente a *fpst*; seguido del nivel de ventas (*Vens*) en *ec*, *fss* y *fsf*, positivamente, y *fmp*, negativamente; de la IED en *ec*, *fmp* y *fss* (con signo +); de la producción en *ec* y en *fmp* (con signo +). *Yens* impacta en igual número de modelos en ventas y empleo (significativa en todas las clases), y en menor medida producción en cinco clases (*ec*, *fmp*, *fss*, *fsf* y *fopa*) e IED en cuatro clases (*ec*, *fpst*, *fsf* y *fopa*). *Lens* afecta producción en *fmp*(+), *fpst*(+), *fss*(-) y *fopa*(-) e IED en *ec*(+), *fmp*(-), *fsf*(-) y *fopa*(-).*Mens*) altera todas las variables de todas las clases, excepto para *Yfmp* y *Lfmp* y *Lfsf*. Lo mismo pasa con *Xens* que no es significativa para *IEDfpst* e *IEDfss*. Por último, *IEDens* es relevante en producción y ventas de todas las clases, sin embargo disminuye para IED y empleo (sólo es significativa para *Lfmp*(+), *Lfpst*(-), *IEDec*(+), *IEDfmp*(+) e *IEDfsf*(-)).

Cuadro 1. Coeficientes de corto y largo plazos: Encadenamientos en el sector automotriz

	Variable	C	dticc	dticpib	dhvens	liens	ddlmens	lxens	liedens	Variable	C	dticc	dticpib	dhvens	liens	ddlmens	lxens	liedens
LP	hvec	291.79	-24.930*	-0.836*	52.124*	-14.185*	28.485*	-7.937*	-1.035*	hyfss	205.13	-26.834**	-1.145*	-22.103*	-1.210**	-8.266**	-11.205**	-0.399*
ES			[6.777]	[0.251]	[3.201]	[0.953]	[2.009]	[1.521]	[0.100]			[4.265]	[0.182]	[2.638]	[0.723]	[1.662]	[0.864]	[0.066]
CP	D(hvec)	0.022	0.01	-0.362*	-0.002	0.009	-0.044*	0.039	-0.495**	D(hyfss)	0.023	-0.007	0.559	0.024	-0.004**	0.05	-0.01	1.128
LP	hvec	242.46	-21.986*	-1.293*	-48.506*	-0.851	-4.560**	-13.476*	-0.387*	hyfss	-25.55	1.475**	0.229*	-1.722*	0.183*	1.401*	0.535*	0.046*
ES			[7.350]	[0.311]	[4.884]	[1.146]	[2.877]	[1.510]	[0.107]			[0.259]	[0.011]	[0.174]	[0.041]	[0.105]	[0.052]	[0.004]
CP	D(hvec)	0.007	-0.011**	0.393	0.022	-0.006**	0.029	-0.013	0.959	D(hyfss)	-1.670*	0.075	-7.611*	-0.053	0.049	-0.569*	0.127	-5.827**
LP	llec	24.97	0.766	0.247*	-6.209*	-0.991*	0.892*	-1.208*	-0.125*	llfss	5.6	-0.484	-0.123*	-1.236*	-0.519*	-0.686*	-0.461*	-0.035*
ES			[0.799]	[0.023]	[0.278]	[0.075]	[0.197]	[0.118]	[0.007]			[0.335]	[0.014]	[0.200]	[0.057]	[0.138]	[0.067]	[0.005]
CP	D(llec)	-0.033	0.009	-1.544	0.136	-0.015	-0.157**	0.042	4.833	D(llfss)	-0.054	-0.260*	9.657	0.086	-0.048**	0.863	-0.370*	16.85
LP	lledec	200.65	-71.877*	-3.895*	-143.509*	-22.142*	-22.768+	1.4	0.818*	lliedfss	-129.24	19.103	-4.778*	-1.296	9.903**	-48.911*	0.565	0.244
ES			[15.416]	[0.629]	[8.685]	[2.227]	[5.392]	[2.917]	[0.215]			[13.003]	[0.582]	[8.461]	[2.044]	[5.180]	[2.597]	[0.197]
CP	D(lliedec)	-0.157	-0.004**	0.198	0.01	-0.002**	0.014	-0.010**	0.327	D(lliedfss)	0.032	-0.006*	0.307	0.002	-0.002**	0.03	-0.009*	0.189
LP	hyfmp	1.03	-1.184**	-0.111**	-5.990*	1.411*	0.001	-1.769*	-0.055**	hyfsf	1142.69	-161.464**	-2.653*	-138.043**	-7.781*	-59.012*	-57.947**	-2.557**
ES			[0.735]	[0.033]	[0.522]	[0.124]	[0.305]	[0.151]	[0.011]			[20.950]	[0.930]	[14.042]	[3.533]	[8.126]	[4.209]	[0.335]
CP	D(hyfmp)	-0.194**	0.037	0.686	0.221	-0.032	-0.028	0.196	6.348	D(hyfsf)	-0.003**	-0.001	0.045	0.005	-0.001**	0.006	-0.002	0.217
LP	hyfmp	35.28	-10.821*	-0.233*	-13.633*	0.850*	1.149**	-3.311*	-0.059**	hyfsf	-25.55	1.475**	0.229*	-1.722*	0.183*	1.401*	0.535*	0.046*
ES			[1.530]	[0.066]	[1.029]	[0.243]	[0.629]	[0.308]	[0.023]			[0.259]	[0.011]	[0.174]	[0.041]	[0.105]	[0.052]	[0.004]
CP	D(hyfmp)	-0.104	-0.018	0.468	0.113	-0.018**	0.003	-0.019	3.582	D(hyfsf)	-1.670*	0.075	-7.611*	-0.053	0.049	-0.569*	0.127	-5.827**
LP	llfmp	-170.07	27.609**	2.953*	60.589*	-28.545*	88.998*	25.315*	0.726*	llfsf	-18.25	-0.346**	-0.054*	-2.954*	-0.266*	-0.569*	0.693*	-0.003
ES			[17.189]	[0.732]	[11.270]	[3.286]	[7.843]	[3.609]	[0.266]			[0.190]	[0.009]	[0.121]	[0.031]	[0.074]	[0.040]	[0.003]
CP	D(llfmp)	0.001	0.004	-0.173**	0.004	0.002	-0.027*	0.012	-0.260*	D(llfsf)	-0.279*	-0.207*	3.413	0.42	-0.083**	-0.076	-0.285	13.372
LP	lledfmp	-129.94	11.797	0.847	133.055*	-10.609*	13.715*	13.036*	-0.25	lliedfsf	335.36	-57.520**	-5.004*	-104.452*	-3.841**	16.834**	-16.407**	-0.843**
ES			[10.809]	[0.472]	[6.700]	[1.723]	[4.285]	[2.178]	[0.164]			[13.096]	[0.638]	[8.025]	[2.151]	[5.633]	[2.633]	[0.211]
CP	D(lliedfmp)	0.051	0.004	-0.186**	-0.012*	0.003	-0.009	0.006	-0.347*	D(lliedfsf)	-0.124	-0.004	0.194	0.016	-0.002**	0.003	-0.001	0.385
LP	hyfpst	437.7	-225.955*	0.054	-232.614*	18.763*	-123.828*	-36.969*	1.199**	hyfopa	-27.45	1.379*	-0.006	0.925**	-0.791*	0.560*	1.109*	0.034*
ES			[32.944]	[1.555]	[20.227]	[5.322]	[14.092]	[6.825]	[0.563]			[0.306]	[0.013]	[0.234]	[0.050]	[0.134]	[0.063]	[0.005]
CP	D(hyfpst)	0.003	0.054	0.049	0.002	-0.001*	0.008	-0.007*	0.151	D(hyfopa)	-0.239*	0.169	-3.84	-0.540*	0.107	-0.087	-0.087	-9.407**
LP	hyfpst	111.68	-12.496*	-0.409*	-22.336*	-1.005*	2.348*	-6.269*	-0.220*	hyfopa	-28.01	2.151*	0.190*	0.319	-0.715*	2.337*	1.111*	0.051*
ES			[2.626]	[0.113]	[1.778]	[0.417]	[1.055]	[0.532]	[0.040]			[0.393]	[0.017]	[0.257]	[0.062]	[0.160]	[0.079]	[0.006]
CP	D(hyfpst)	-0.04	-0.017	0.426	0.068	-0.009**	0.005	0.004	2.063	D(hyfopa)	-1.260*	0.081	-5.052*	-0.058	0.051	-0.408*	0.146	-4.961**
LP	llfpst	52.88	-1.958*	-0.343*	-4.695*	-0.216	-1.451*	-3.210*	-0.159**	llfopa	-11.81	-1.34	0.131**	8.213*	-1.579*	4.219*	1.030*	0.002
ES			[1.177]	[0.050]	[0.982]	[0.198]	[0.526]	[0.301]	[0.201]			[1.548]	[0.069]	[0.813]	[0.224]	[0.587]	[0.297]	[0.022]
CP	D(llfpst)	-0.013	-0.065**	3.221	0.11	-0.024**	0.193	-0.028	4.572	D(llfopa)	0.011	0.078	-2.960**	-0.101**	0.022	-0.255*	0.071	-3.116*
LP	lledfpst	-1868.48	318.536	-25.633	273.826	-12.621	176.454	110.295	0.62	lliedfopa	-340.66	8.036	1.577**	113.359**	-8.206*	52.800*	22.648**	0.436
ES			[39.098]	[1.710]	[22.425]	[6.118]	[18.056]	[9.080]	[0.608]			[19.432]	[0.885]	[12.531]	[3.267]	[9.905]	[3.928]	[0.316]
CP	D(lliedfpst)	-0.048	-0.001	0.101	-0.002**	0.000	0.007		-0.023	D(lliedfopa)	-0.099*	0.003	-0.83**	-0.006**	0.002	-0.008**	0.004	-0.310*

* y ** significativa al 99% y 95% respectivamente. LP: largo plazo; CP: corto plazo; ES: error estándar. Los coeficientes de corto plazo se refieren a las variables en

Fuente: elaboración propia.

Ensamble de carrocerías y remolques para automóviles y camiones (ec)

Las especificaciones 1 y 2 arrojan resultados similares en el largo plazo. En ambos, producción, exportaciones, *IEDens* y *tcpib* se relacionan con *Yec* y *Vec*. No obstante, *IEDens* afecta negativamente los encadenamientos. *Lens* (rezagado dos periodos) impacta la inversión de esta clase, interpretándose como un indicador adelantado. Esto es, si el empleo en las armadoras aumenta entonces, con un retardo de dos trimestres, crece la IED en esta clase. En el cuarto modelo, *IEDens* explica *IEDec* indicando encadenamientos, aunque la elasticidad es baja (0.82). En este sentido, cuando *Xens* aumenta, *IEDec* crece. No obstante, producción e importaciones afectan negativamente esta variable, por lo que el efecto neto en la generación de encadenamientos no es claro. Sin embargo, al considerar que la suma de estas elasticidades es mayor a las elasticidades de las primeras variables, se acepta que los encadenamientos son débiles o incluso negativos.

Al analizar los resultados en conjunto, *IEDens* es explicativa en todas las especificaciones. Sin embargo, contrario a lo esperado este efecto es negativo en producción, ventas y empleo y positivo para *IEDec*. Por ende, se infiere que los flujos de IED no generan ningún tipo de encadenamiento en esta clase. Esto se refleja en el saldo comercial negativo de *ec*, donde las importaciones (componentes finales que se ensamblan en plantas en territorio nacional) son 80% mayores a las exportaciones en el periodo.

Motores y sus partes para automóviles y camiones (fmp)

El efecto de exportaciones, producción e IED en ensamble es similar en producción y ventas de esta clase. El signo negativo sugiere que las ensambladoras debilitan los eslabones de la cadena de valor. Para la tercera y cuarta especificación las inversiones y exportaciones de las ET afectan positivamente al empleo e IED de *fmp*. Si las empresas automotrices invierten para aumentar su capacidad productiva, las empresas de este sector aumentan sus inversiones o contrataciones de personal. No obstante, la elasticidad del empleo es menor a uno, lo que puede reflejar una mejora tecnológica dado un incremento de IED en esta clase (Vicencio, 2007). Las empresas en esta clase se consideran de primer nivel y tienen importante participación de capital extranjero (Ochoa, 2005). En general, una mejora de la economía reflejada en *pibpc* estimula la actividad económica en esta clase, reflejando la importancia del mercado doméstico. Sin embargo, si bien un incremento de *Lens* en ensamble afecta positivamente la producción, la elasticidad negativa en *Lfmp* e *IEDfmp* parece compensar este beneficio.

En conjunto, la *IEDens* es explicativa en todas las especificaciones; dos de forma positiva (*Lfmp* e *IEDfmp*) y dos negativamente (*Yfmp* y *Vfmp*). Por tanto se asume que la *IEDens*, influye de forma negativa en la generación de encadenamientos en esta clase. Si bien las elasticidades negativas son menores a las positivas, dado que este sector tiene una mejor capacidad tecnológica (productividad), puede disminuir el número de empleados sin afectar la producción. Los débiles encadenamientos se explican porque gran parte de la producción de esta clase es realizada por las propias empresas ensambladoras, dada la capacidad de las empresas domésticas para cumplir con los requerimientos. Asimismo, si se considera que la *IEDens* busca incrementar la capacidad productiva y ser más competitivas; se espera que las empresas de autopartes inviertan para mejorar o mantener su capacidad de producción, sin embargo, los resultados señalan una relación inversa entre *IEDens* e *IEDfmp*.

Partes para el sistema de transmisión de automóviles y camiones (fpst)

Yens, *Xens* e *IEDens* afectan de forma similar a las ventas y empleo en esta clase. De nuevo hay una relación negativa de *IEDens* con las variables económicas de *fpst*, y se extiende a *Yens*; lo que confirma la debilidad de los encadenamientos en esta clase. Sin embargo, este efecto negativo parece corregido parcialmente por la relación positiva entre *IEDens*, *Xens* y *Lens*, por un lado, y *Yfpst*, por el otro. El signo negativo entre *Mens* y *Yfpst*, implica que las EMN en este sector no crean fuertes vínculos con las domésticas. En el segundo modelo, las ventas se explican por *Yens*, sin embargo el signo no es el esperado, ya que un aumento de la producción de las armadoras desincentiva las ventas más que proporcionalmente (-3.3%), debido a que las ET producen partes para el sistema de transmisión (o las importan).

Considerando los resultados en conjunto se aprecia que *IEDens* explica la actividad económica de esta clase en tres especificaciones (excepto en *IEDfpst*); con signo positivo para *Yfpst* y negativo para *Vfpst* y *Lfpst* que podría indicar desencadenamientos. Esto se debe a que las empresas de esta clase no tienen capacidad para establecer relaciones duraderas con las ensambladoras, además que, siguiendo a Ochoa (2005) la participación de este sector en la producción es baja y por tanto puede no reflejarse en encadenamientos.

Partes para el sistema de suspensión de automóviles y camiones (fss)

En la especificación de las ventas todas las variables son significativas. La apertura comercial (mercancías y capitales) resulta relevante. Las exportaciones afectan positivamente a las variables, excepto *IEDfss*; el aumento de *Mens* contrae la *Y*, *V*, *L* e *IED*; al tiempo que mayores inversiones en ensamble reducen la producción y ventas de esta clase. En todos los casos, el efecto de las importaciones es mayor al de las exportaciones. *Yens* afecta la actividad económica de esta clase, excepto para *IEDfss*.

El hecho que tanto *IEDens* como *Yens* tengan efectos negativos (en *Yfss* y *Vfss*), sugiere que los nuevos capitales extranjeros y los aumentos en producción (probablemente derivado de la introducción de nuevos modelos de autos) afectan los encadenamientos productivos en este sector. Estos "desencadenamientos" se deben a que las inversiones que permiten ser más eficientes e integrarse en la cadena son poco dinámicas. En este sentido, la IED que contribuye a la formación de capital disminuyó en el periodo. Esto sugiere la hipótesis de la falta de competitividad de las firmas en esta clase para vincularse en la cadena de producción global.

Partes y accesorios para el sistema de frenos de automóviles (fsf)

La apertura comercial afecta la evolución de esta clase; *Xens* impulsa *Yfsf*, *Vfsf*, *Lfsf* e *IEDfsf*. En particular, producción e IED muestran una elevada elasticidad. Asimismo, las importaciones se relacionan con producción y ventas de forma negativa, pero positivamente con *IEDfsf*. Esto sugiere la existencia de desencadenamientos, pues *Mens* desplaza la producción y ventas domésticas de esta clase, al tiempo que fomentan el establecimiento de filiales extranjeras. La producción en ensamble afecta negativamente a *Yfsf, Lfsf* e *IEDfsf* y positivamente a *Vfsf*, confirmando la idea de desencadenamientos. En este sentido, *IEDens* contrae *Yfsf* e *IEDfsf*, expande *Vfsf* y no afecta *Lfsf*. En general se afirma que las ET en ensamble (principalmente, *IEDens*) generan débiles encadenamientos (vía *Xens*) o incluso desencadenamientos (vía *Mens, Yens* e *IEDens*). Esta relación contrae la producción e inversión en *fsf* y, simultáneamente fomenta las ventas en *fsf*, sugiriendo que firmas extranjeras, probablemente del mismo grupo de las ensambladoras, están encadenadas.

Otras partes y accesorios para automóviles y camiones (fopa)

Las exportaciones e importaciones son significativas para todas las variables. Los signos estimados son los esperados. Las exportaciones implican una relación de encadenamientos, mientras que las importaciones señalan desencadenamientos. El balance final es ambiguo. Situación similar pasa con *Lens*, que afecta negativamente a *Yfopa* y *Lfopa*, pero positivamente a *IEDfopa*, siendo esta última una de las mayores elasticidades. Por el contrario, la relación de encadenamientos es más clara cuando se considera el capital extranjero. Un avance de 1% en *IEDens* aumenta 0.03% a *Yfopa*, y 0.05% a *Vfopa*. En general, *IEDens* tiene una relación productiva más fuerte con *fopa*. Si bien las elasticidades son reducidas es la única clase, junto con *fmp*, en la que hay efecto positivo en dos variables (*Y* y *V*) y no existen relaciones negativas.

El efecto positivo de *Yens* en *Yfopa*, indica que el aumento de producción de las armadoras incrementa la demanda de otras partes y accesorios para automóviles de empresas domésticas, ya que éstas son de primer nivel. Además, los flujos de IED en esta clase fueron en promedio de 67% del ingresado al sector automotriz, reflejando el interés de las empresas de autopartes por responder a las exigencias de calidad e investigación y desarrollo de las ensambladoras (OIT, 2005), generando que esta etapa se concentre en un reducido grupo de proveedores de primer nivel.

En resumen, de forma general la IED tiene baja o nula influencia para establecer relaciones de encadenamientos con las clases de autopartes.[33] Esto se explica por la limitada capacidad de producción y competitividad de las empresas nacionales de autopartes para integrarse a la cadena. Además, puesto que las ensambladoras extranjeras invierten en capacidad productiva, amplían la brecha tecnológica, haciendo más difícil la integración. Este resultado es notable, ya que el limitado efecto positivo de *IEDens* en las variables dependientes indica que la promoción al capital extranjero a partir del TLCAN para hacer más competitiva a la industria, no ha tenido el impacto esperado en el sector autopartes.

Por otro lado, el análisis de cointegración se complementa con la estimación de los coeficientes de corto plazo. Considerar el efecto en ambos plazos permite interpretar el efecto de *IEDens* en la generación de encadenamientos productivos como de naturaleza permanente o perecedera. Los resultados aparecen en el cuadro 1. Se observa que existe al menos una variable responsable de corregir los desequilibrios. Los términos de corrección de error asociados a las ecuaciones D(*Lens*), D(*IEDens*), D(*Mens*) y D(*tcpib*) tienen signos negativos y contribuyen a restablecer el equilibrio ante una perturbación de corto plazo. Notablemente los coeficientes de ajuste de D(*Xens*) y D(*Yens*) son los que menos contribuyen (en 4 y 5 relaciones, respectivamente). Las clases de autopartes donde existen mayores coeficientes de corrección significativos son *fopa*, con 13; *fss* con 10; y *ec* con nueve.

Del análisis individual de las ecuaciones de cointegración se establece que el modelo VEC, para cada clase, posee una dinámica de corrección complementaria. En particular, considerando la clase

---

[33]   El análisis de todas las clases permite afirmar que los encadenamientos son débiles, ya que de las 24 relaciones posibles solo siete mostraron una relación de encadenamientos entre IED en ensamble y la actividad económica: fabricación de motores y sus partes en empleo e inversión extranjera; fabricación de otras partes y accesorios en producción y ventas; fabricación y ensamble de carrocerías y remolques en inversión extranjera; fabricación de partes y accesorios para el sistema de frenos en ventas; y, fabricación de partes para el sistema de transmisión en producción. Mientras que once relaciones muestran signos negativos (principalmente para la producción en las clases *ec*, *fmp*, *fss* y *fsf*) y en seis relaciones no se evidencia creación de encadenamientos.

ec y dado que *icc, Yens* y *Mens* se ajustan para retornar al equilibrio en dos ecuaciones distintas (para *V* e *IED* y *Y* y *L*, respectivamente), se afirma que el ajuste a la tendencia de largo plazo compartida por las ocho variables cointegradas se describe mejor con movimientos transitorios de estas tres series que con el resto.[34] El coeficiente de corrección del error promedio (significativo) es 0.96; mientras que los coeficientes más altos son para *IEDens* (3.39), *tcpib* (3.01) e *Mens* (0.26). Esto sugiere que la respuesta es relativamente rápida. Si bien las empresas en autopartes ajustan sus niveles de producción en el corto plazo como consecuencia de nuevas inversiones, su dinámica en el largo plazo es diferente. En este sentido, los coeficientes de corto plazo son mayores que los de largo para *tcpib* e *IEDens*, por lo que su importancia disminuye en el tiempo, generando encadenamientos limitados.

Conclusiones

En este trabajo se planteó teóricamente que la IED tiene el beneficio de generar encadenamientos productivos de las empresas transnacionales con las nacionales. Bajo esta idea en México se han aplicado políticas de atracción de la misma, con el fin que ésta contribuya al desarrollo industrial. Uno de los sectores que se ha conformado desde sus inicios con capital extranjero es el de ensamble automotriz. Esta industria ha evolucionado bajo la aplicación de decretos gubernamentales y estrategias aplicadas por las ET a sus filiales en territorio mexicano, las cuales han configurado la cadena de producción.

La IED ha sido una constante en la evolución de esta industria y con el TLCAN se consolidaron las bases para permitir un mayor flujo de inversión. Esto permitiría un incremento de los beneficios en términos de integración en las cadenas internacionales de producción. Sin

---

[34] Para *fmp* las series que describen mejor la corrección del desequilibrio son *tcpib* e *IEDens* (tienen signos negativos en las ecuaciones para *L* e *IED*); para *fpst* las series *Lens* e *icc* (en las ecuaciones para *Y, V* y *L; Y* y *L*, para cada una); para *fss* las *Lens* (para *Y, L* e *IED*), *icc* (para *L* e *IED*) y *Mens* (para *L* e *IED*); para *fsf* la serie *Lens* (para *Y, L* e *IED*) y para *fopa* las series *IEDens* (para todas las variables) *tcpib* y *Mens* (para *V, L* e *IED*) y *Yens* (para *Y, L* e *IED*).

embargo, los resultados de este trabajo señalan que la generación de encadenamientos no son los esperados. Se concluye que las entradas de IED en el sector de ensamble no generan sistemáticamente encadenamientos con empresas productoras de autopartes nacionales. En otras palabras, estos encadenamientos son débiles, puesto que mayores inversiones de las ensambladoras no se reflejan consistentemente en incrementos en producción, ventas, empleo e IED de las empresas nacionales de autopartes para el periodo 1999-2008.

Las estimaciones de largo plazo por clase de autopartes indican que para siete relaciones la *IEDens* es significativa; por lo que presumiblemente los capitales extranjeros invertidos en el sector automotriz son capaces de generar encadenamientos con las empresas domésticas, si bien limitados. Por ende, dada la nueva configuración del sector automotriz, los proveedores de autopartes nacionales que no han modernizado sus procesos productivos, enfrentarán dificultades para satisfacer las necesidades de las ensambladoras, colocándolos en una posición vulnerable dentro de la cadena internacional de producción.

Las estimaciones de corto plazo indican que las entradas de capital extranjero en ensamble (*IEDens*) son de mayor relevancia para la actividad económica del sector de autopartes, puesto que genera encadenamientos productivos. Sin embargo, se encuentra que estos encadenamientos se debilitan en el largo plazo, por la falta de competitividad de las firmas domésticas. Los limitados encadenamientos derivados de la IED, se explican porque las ventajas potenciales de la IED, como transferencia de tecnología, conocimientos y generación de encadenamientos, sólo ocurren si las empresas de la economía receptora tienen la capacidad tecnológica y activos similares para integrase en la cadena automotriz.

En este contexto, es necesario desarrollar estrategias de largo plazo, que fomenten la competitividad del sector autopartes nacional, coordinadamente por el gobierno, empresas automotrices y sector académico. En particular, emplear una herramienta, que en los inicios de la IAM sentó bases para los encadenamientos, parece una alternativa viable. Esto es, por medio de decretos automotrices, el gobierno puede incentivar a las empresas ensambladoras a colaborar con las empresas de autopartes nacionales.

Bibliografía

Arndt, S. y Kierzkowski, H. (2001). *Fragmentation: New production patterns in the world economy*, Oxford University Press, p. 257.

Atallah, G. (2006). "Entry deterrence through fixed cost-reducing R&D", *Working Papers* 0605E, University of Ottawa, Department of Economics, p. 36.

Brown, F. (2005). *La industria de autopartes mexicana: Reestructuración reciente y perspectivas*, México, UNAM.

Carrillo, J. (1987). "Etapas industriales y conflictos laborales: La industria automotriz en México" en *Estudios Sociológicos*, vol. 5, núm. 14, pp. 303-340.

CEPAL, (2009). La inversión extranjera en América Latina y El Caribe, Santiago de Chile, p. 232.

De la Garza, E. (2005). *Modelos de producción en la maquila de exportación la crisis del Toyotismo precario*, México, Plaza y Valdez Editores, p-419.

Dutrénit, G. (2004). "La IED y las capacidades de innovación y desarrollo locales: Lecciones del estudio de los casos de la maquila automotriz y electrónica en Ciudad Juárez", Documento de trabajo, CEPAL, Santiago de Chile.

Dunning J, y Narula, R. (2004). *Multinational and industrial competitiveness; A new agenda*. Edward Elgar Publishing. Series New Horizons in International Business, Masachusetts, Estados Unidos, p. 304.

Dunning, J. (1995). "Reappraising the eclectic paradigm in an age of alliance capitalism" en *Journal of International Business Studies*, vol. 26, núm. 3, pp. 461-491.

Dunning, J. (2001). "The eclectic, (OLI) Paradigm of International Production" en *Journal of International Business Studies,* vol. 8, núm. 2, pp. 173-190.

Dussel, E. Galindo, L. y Loría, E. (2003). "Condiciones y efectos de la inversión Extranjera directa y del proceso de integración regional en México durante los noventa: Una perspectiva microeconómica", Banco Interamericano de Desarrollo, Buenos Aires.

Gorg, H. y Greenaway, D. (2003). "Foreign direct investment and intra-industry spillovers: A review literature", *Globalisation and Labor Market Programme, Research Paper* 37, p. 76.

Goldstein, M y Khan, M. (1986). "Income and price effects in foreign trade", en Jones, R. y Kenen, P. (eds) *Handbook of International Economics,* vol. 2, núm. 1, pp. 1041-1105.

Gereffi, G. (1994). "The organisation of buyer-driven global commodity chains: How US retailers shape overseas production networks", en Gereffi, G., y Korzeniewicz, M. (eds.), *Commodity Chains and Global Capitalism.* Westport: Praeger, pp. 95-122.

Johansen, S. (1995). *Likelihood-based inference in cointegrated vector autoregressive models,* Oxford University Press, New York, p. 267.

Johansen, S. y Juselius, K. (1990). "Maximum likelihood estimation and inference on cointegration, with applications to the demand for money" en *Oxford Bulletin of Economics and Statistics,* vol. 52, núm. 2, pp.169-210.

Markusen, J. y Venables, A. (1999). "FDI as a catalyst for industrial development" en *European Economic Review,* vol. 43, núm. 2, pp. 333-356.

Middlebrook, K. (1991). "Las dimensiones políticas de la reestructuración industrial: El caso de la industria automotriz mexicana" en *Foro Internacional,* vol. 32, núm. 3, pp. 342-375.

Mortimore, M. y Barron, F. (2005). Informe sobre la industria automotriz mexicana, Serie Desarrollo Productivo 162, CEPAL, p. 53.

Narula, R. y Marin, A. (2005). "Exploring the relationship between direct and indirect Spillovers from FDI in Argentina", *Maastricht Economic Research Institute on Innovation and Technology*, p. 41.

Ochoa, K. (2005). "La industria automotriz de México: Las expectativas de competitividad del sector de autopartes" en *México y la Cuenca del Pacífico*, vol. 8, núm. 26, pp. 33-58.

Patterson, K. (2000). *An introduction to applied econometrics*, Palgrave, London, p. 803.

Organización Internacional del Trabajo, (2005). Tendencias de la industria automotriz que afectan a los proveedores de componentes, *Informe para el debate de la Reunión Tripartita sobre la Industria de la Fabricación de Material de Transporte*, Suiza, p. 170.

Quiroz, J. (2008). "La crisis de la industria automotriz en México:¿Paradigma o caso aislado?" en *El Cotidiano*, vol. 24, núm. 158, pp. 115-123.

Sotomayor, M. (2009). *Comercio maquilador y especialización vertical de la producción*, Weber State University, Estados Unidos.

Smarzynska, B. (2004). "Does foreign direct investment increase the productivity of domestic firms? In search of spillovers through backward linkages" en *American Economic Review*, vol. 94, núm. 3, pp. 605-627.

Stancik, J. (2007). "Horizontal and vertical FDI spillovers: Recent evidence from the Czech Republic", *Center for Economic Research and Graduate Education*, Working Paper 3401, p. 39.

Vicencio, A. (2007). "La industria automotriz en México. Antecedentes situación actual y perspectivas" en *Contaduría y Administración*, vol. 221, pp. 209-246.

CAPITULO V

Economía de la innovación tecnológica y crecimiento del sector manufacturero: Evidencia regional para México

Juan Marroquín Arreola
Profesor-Investigador
Escuela Superior de Economía
Instituto Politécnico Nacional
Investigador Nacional-CONACYT (SNI Nivel I)

Humberto Ríos Bolívar
Profesor-Investigador
Escuela Superior de Economía
Instituto Politécnico Nacional
Investigador Nacional-CONACYT (SNI Nivel III)

Introducción

Los avances tecnológicos son considerados como uno de los principales determinantes del crecimientos económico, Pavitt y Soete (1981), Fageberg (1988) y Dosi *et al.* (1994) muestran de manera empírica que existe una relación muy estrecha entre estas dos variables. La literatura del crecimiento endógeno centra la atención sobre el cambio tecnológico endógeno para explicar los patrones de crecimiento de las economías mundiales. De acuerdo con estos llamados modelos endógenos de crecimiento, iniciados por Romer (1986), la innovación tecnológica se crea en la investigación y desarrollo (I + D).usando capital humano y el stock de conocimientos existentes.

El punto central de estos modelos de crecimiento endógeno postula que la innovación tecnológica permite el crecimiento económico sostenible, ya que hay rendimientos constantes a la innovación en términos de capital humano empleado en los sectores de investigación y desarrollo. En este trabajo se utilizan técnicas de datos panel y los datos de 10 regiones de México para el período 1994-2010 para comprobar si para el caso de México la inversión en I + D aumenta la innovación y, si la innovación conduce a un aumento permanente en el PIB per cápita.

La relación positiva entre la innovación y el crecimiento del producto ha sido confirmada por estudios internacionales que utilizan datos de panel tales como Frantzen (2000) y Griffith Redding y Reenen (2001). También hay fuerte evidencia de que las externalidades de los países industrializados a los países en desarrollo tienen efectos positivos sobre el crecimiento (Coe, Helpman y Hoffmaister (1995); Griffith Redding y Reenen (2001)). En uno estudio más reciente Zachariadis (2003) compara el efecto de la innovación sobre la producción manufacturera y agregada, y encuentra que el efecto de la innovación es mucho mayor para la producción agregada que para el sector manufacturero. Porter y Stern (2000) utilizan datos agregados de patentes para examinar los efectos de la innovación y encuentran que la innovación se relaciona de manera positiva con el capital humano y el stock de conocimientos. También encuentran que existe una relación significativa entre la innovación y el crecimiento del producto

El corazón de estos modelos es que la innovación permite un crecimiento económico sostenible, dado que son constantes los retornos a la innovación en términos de capital humano empleado en el sector de I + D. El análisis empírico de esta relación se lleva a cabo habitualmente a partir de la estimación de una función de producción en la que se incluye como variable explicativa el capital tecnológico también llamado stock de conocimientos (Romer, 1990). Este *input* facilita la generación de nuevas ideas en las empresas, las cuales pueden revertir en un mayor crecimiento de acuerdo a los modelos de crecimiento endógeno.

La capacidad de innovar y de asimilar la innovación han sido regularmente considerados como dos de los factores clave del dinamismo económico de cualquier territorio (Cantwell y Iammarino, 2003; Porter y Stern, 2002), donde la explicación de un crecimiento sostenido del ingreso por habitante no recae en variables exógenas, sino que se encuentra en las condiciones económicas y tecnológicas que enfrentan agentes económicos, lo que estimula o no una mayor inversión, el desarrollo de nuevas tecnologías o ambas cosas.

Revisión de la literatura

Los modelos basados en I+D, introducido por Romer (1986, 1990), y Grossman y Helpman (1991) dan un paso más mediante la incorporación de la competencia imperfecta en los modelos de crecimiento. Estos modelos se basan en tres sectores: el sector de la producción final, el sector de los bienes intermedios y el sector de I + D. El sector de I+D utiliza capital humano para producir nuevas ideas y diseños. Después de crear estas ideas las vende al sector de bienes intermedios. El sector de bienes intermedios patenta estas nuevas ideas y obtiene los derechos de monopolio exclusivo de producir los nuevos productos diseñados por estas ideas, después vende estos productos intermedios al sector de la producción final. El sector de I + D es el sector clave en estos modelos para el crecimiento sostenible.

Generalmente, los estudios empíricos de estos modelos implican probar el efecto de las variables de I+D sobre el crecimiento de la productividad. Jones (1995) examina los modelos de crecimiento basados en I+D utilizando un modelo de series de tiempo de las tasa de crecimiento del número de ingenieros y científicos contra el crecimiento de la productividad total de los factores de Francia, Alemania, Japón y Estados Unidos. No encuentra ninguna evidencia de un aumento en el crecimiento de la productividad de los factores a pesar de un continuo de aumento de la tasa de crecimiento del número de ingenieros y científicos. El argumenta que este resultado es evidencia de los rendimientos decrecientes en la producción de nuevos conocimientos.

Coe, Helpman y Hoffmaister (1995) usan un modelo multipaís para examinar los efectos de derramas de I+D de países industrializados a países en vía de desarrollo sobre el crecimiento de productividad total de los factores. Ellos usan datos para 77 países en vía de desarrollo durante el período de 1971-1990 y encuentran que hay derramas sustanciales de I+D de países desarrollados a países en vías de desarrollo. Estas derramas tienen un efecto positivo y significativo sobre la productividad total de factores de países en vía de desarrollo.

Aghion y Howit (1998) proveen razones que justifican porque un incremento en la tasa de crecimiento del número de ingenieros y científicos no provocó un aumento correspondiente de en el crecimiento de la productividad. En primer lugar, la creciente complejidad de la tecnología hace que sea necesario aumentar la I + D con el tiempo justo para mantener el tipo de invención constante para cada producto. En segundo lugar, como el número de productos incrementa, una innovación en un producto afecta directamente una menor proporción de la economía, y por lo tanto, tiene menor efecto indirecto proporcional en las existencias totales de los conocimientos.

Aghion y Howit (1998) también argumentan que en vez de usar el número de ingenieros y científicos ocupados en los sectores de I+D, la fracción de PIB asignada a I+D debería ser usada probar la implicación de modelos basados en I+D. Ellos prueban la implicación de modelos basados en I+D usando datos sobre gastos de I+D como una fracción del PIB para Estados Unidos y concluyen que Estados Unidos los modelos de I+D confirman la teoría de crecimiento endógena lugar de contradecirla.

La relación existente entre I + D y el crecimiento de la productividad en algunos países ha sido también confirmada por los estudios que utilizan datos de panel internacionales, tales como Frantzen (2000) y Griffith, Redding y Reenen (2001). Zachariadis (2003) compara el efecto de la I + D sobre la producción agregada y la producción manufacturera, y él considera que el efecto de la I + D es mucho mayor para la economía global que para el sector manufacturero.

De acuerdo con Aboites y Dutrénit (2003), en México en los últimos años, la importancia de la creación de innovaciones tecnológicas ha sido ampliamente reconocida. Este hecho es corroborado por la participación de los gobiernos de subsidiar programas de I + D. Soto *et al.* (2009) mencionan que en México se han generado incrementos importantes en la captación de inversiones foráneas, con la consiguiente implantación de tecnologías nuevas y sistemas de información. Afirman que la formación de capital humano juega un papel esencial en el desarrollo tecnológico e innovador del país. Por lo tanto, ambos factores (educación e inversiones nuevas) deben constituir elementos explicativos e inseparables del proceso innovador. Con el fin analizar la pertinencia de la intervención pública, en este artículo realizamos estimaciones empíricas del papel que juega la formación de capital humano en el proceso de innovación y de ésta innovación tecnológica en la determinación del crecimiento del PIB per cápita regional utilizando técnica de datos panel para el periodo 1994-2010 debido a la disposición de la información.

Aspectos descriptivos

La formación de recursos humanos, específicamente de investigadores de alto nivel académico, se ha incrementado considerablemente, en respuesta a los estímulos gubernamentales y la expansión de las instituciones de educación superior e investigación. Lo anterior se puede observar en la gráfica 1.

Gráfica 1. Total de integrantes del Sistema Nacional de Investigadores (SNI)

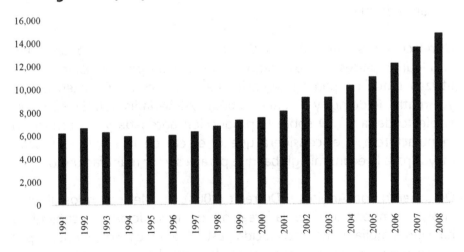

Fuente: elaborado en base datos de CONACYT.

En cuanto a nivel regional, específicamente en cada estado de la república, el número de SNI del Distrito Federal con respecto al resto de los estados es verdaderamente abismal. Lo cual refleja claramente la concentración de las actividades de investigación y desarrollo.

Gráfica 2. Total de integrantes del Sistema Nacional de Investigadores (SNI) por estado

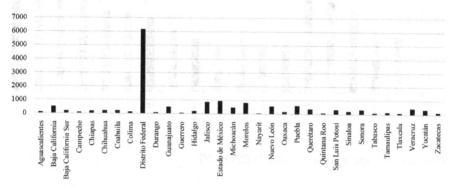

Fuente: elaboración en base a datos de CONACYT.

Las dos graficas anteriores muestran la formación de capital humano de alto nivel, ya que dichos investigadores son la materia prima para realizar proceso de innovación. Porter (1990) señala que el nivel de la innovación de una región puede estimarse con la cantidad de patentes generadas. De acuerdo con Porter (1990), en México el nivel de innovación se muestra mediante las patentes concedidas en el periodo 1990-2007 en la siguiente gráfica.

Gráfica 3. Patentes concedidas en México, 1990-2007

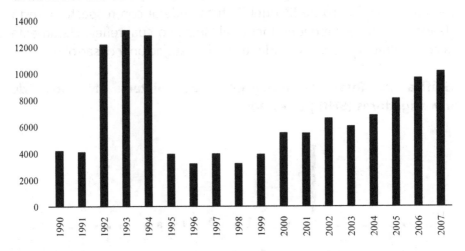

Fuente: elaborado en base a datos de CONACYT.

Por otra parte, a nivel estatal la diferencia en patentes solicitadas del Distrito Federal con respecto al resto de los estados es muy grande, tal y como se muestra en el cuadro 1.

Cuadro 1. Patentes solicitadas por entidad de residencia del inventor, 1997-2010

Entidad	1997	1998	1999	2000	2001	2002	2003	2004	2005	2006
Aguascalientes	8	4	3	3	2	2	6	5	8	5
Baja California	6	9	11	4	4	6	0	0	3	3
Baja California Sur	1	1	1	0	0	0	7	3	1	1
Campeche	0	0	1	1	0	0	0	0	4	1
Chiapas	0	1	0	0	1	0	0	2	1	6
Chihuahua	2	5	9	9	11	17	18	27	15	24
Coahuila	16	14	13	7	10	11	32	26	18	17
Colima	2	4	1	5	8	5	2	4	3	2
Distrito Federal	143	148	181	166	215	206	167	179	212	181
Durango	0	0	1	1	3	2	0	1	2	7
Estado de México	49	70	44	64	55	59	52	58	56	61
Guanajuato	9	10	15	12	23	13	26	22	9	14
Guerrero	1	0	1	1	1	0	0	0	2	3
Hidalgo	6	12	1	2	2	3	3	1	4	3
Jalisco	21	25	33	39	41	51	40	59	66	72
Michoacán	1	5	2	3	4	7	1	10	5	5
Morelos	27	15	14	11	11	10	10	14	10	17
Nayarit	2	1	0	1	1	1	1	0	0	0
Nuevo León	56	47	38	27	66	44	44	66	75	81
Oaxaca	2	3	3	2	5	2	2	4	5	1
Puebla	11	15	16	19	14	15	14	22	15	11
Querétaro	17	15	24	19	12	17	10	22	21	11
Quintana Roo	0	0	2	1	1	3	2	3	1	5
San Luis Potosí	3	4	10	8	9	7	3	4	3	9
Sinaloa	3	6	3	8	7	8	3	5	7	2
Sonora	3	2	3	4	7	7	1	3	5	10
Tabasco	3	3	1	5	2	3	3	5	7	1
Tamaulipas	7	6	4	3	8	7	3	7	10	6
Tlaxcala	0	0	0	0	0	2	1	0	0	2
Veracruz	10	9	5	4	8	8	2	5	7	6
Yucatán	3	3	4	2	1	5	9	8	5	3
Zacatecas	0	1	0	0	1	1	4	0	4	0
Sin calsificar*	8	15	11	0	1	4	2	0	0	4
Total	**420**	**453**	**455**	**431**	**534**	**526**	**468**	**565**	**584**	**574**

*Para 2006 corresponde a solicitudes realizadas por mexicanos con domicilio en el extranjero.

Fuente: elaboración propia a partir de Informes de Actividades del IMPI.

La regionalización debe incluir el conjunto de indicadores cualitativos y cuantitativos que expresen la realidad del territorio. La utilidad máxima de la regionalización es ser la herramienta perfecta para la planificación del territorio –ordenamiento territorial- a partir de la suma de estados y municipios que definan la regionalización socioeconómica funcional del país.

Debido a que no existe uniformidad de criterios respecto a un esquema exacto de los que es la región económica y la regionalización, en esta investigación la regionalización propuesta se ha efectuado a partir de criterios de nivel de ingreso y especialización productiva tomadas por Aregional. De esta forma se obtienen 10 regiones para expresar la dinámica territorial del país.

Cuadro 2. Regiones económicas

Región	Estados	Región	Estados
Noroeste	Baja California Baja California Sur Sonora Sinaloa	Región Sur	Chiapas Guerrero Oaxaca
Norte-Central	Chihuahua Coahuila	Capital	México Distrito Federal
Noreste	Nuevo León Tamaulipas	Este	Veracruz Tabasco
Centro-Norte	Aguascalientes Durango San Luis Potosí Zacatecas	nínsula de Yuca	Campeche Quintana Roo Yucatán
Centro-Oeste	Colima Guanajuato Jalisco Michoacán Nayarit	Centro	Hidalgo Morelos Puebla Querétaro Tlaxcala

Fuente: elaboración en base a datos de Aregional.

El crecimiento económico regional es producto, por un lado, del distinto peso y dinámica que tienen los sectores productivos en la economía local –componente de estructura sectorial- y, por el otro, de la propia competitividad que registra la actividad en la región de referencia –componente de competitividad-, entre otros factores. En el siguiente gráfico se puede observar las diferentes tasas de crecimiento del Producto Interno Bruto (PIB), lograda por cada región en el periodo de 1993 a 2010.

Gráfica 4. TMCA del PIB regional 1993-2010

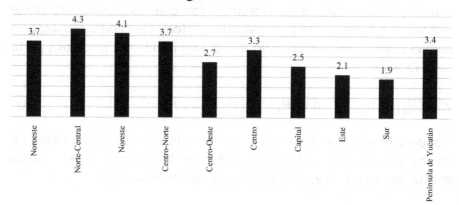

Fuente: elaboración propia en base a datos de INEGI.

En la gráfica anterior se puede observar cómo la región Norte Central es la que presentó el más alto crecimiento. Por el otro lado, es la región sur la que registra el menor crecimiento. Como se acaba de observar existen diferentes niveles tasas de crecimiento económico debido a una diversidad en cuanto a la actividad económica desarrollada en cada región. Es importante mencionar que se omiten gráficos de las otras variables y solo se presentan las ya vistas debido a que las otras son las variables complementarias y no quisiéramos ahondar en su análisis.

Los datos relativos a las variables tales como Producto Interno Bruto (Y), la formación bruta de capital fijo (FBKF), salario medidos en unidades monetarias y la inversión en investigación y desarrollo (I+D) se obtuvieron de INEGI, CONACYT y STPS, mientras que el stock de capital tecnológico se calcula utilizando el método de inventario permanente de la siguiente manera tomando como referencia a García *et al.* (1998):

$$K_{it} = (1 - \delta)K_{it-1} + R_{it-1} \tag{1}$$

Donde K_{it} es el capital tecnológico del año anterior, $R_{it-?}$ los gastos en I+D en t-1, y δ la tasa de depreciación del capital de conocimiento. Esta expresión supone que el gasto actual en I+D se transforma en conocimiento útil con un rezago de un año.

Entonces para obtener el capital tecnológico recursivamente de la expresión (1) es necesario enfrentar dos cuestiones. Primero hacer referencia a la necesidad de calcular el stock de capital tecnológico para el primer año. Suponiendo que el año inicial es t, podemos partir de la relación

$$K_{it} = R_{it-1} + R_{it-2}(1-\delta) + R_{it-3}(1-\delta)^2 + \ldots + R_{it-s}(1-\delta)^{s-1} \qquad (2)$$

Donde s es el número de años que el ente económico ha realizado gastos en I+D. Así pues, suponiendo que los gastos en I+D fueron constantes en todos los años anteriores a t, tenemos que

$$K_{it} = R_i \left[(1+(1-\delta)+(1-\delta)^2 + \ldots + (1-\delta)^{s-1} \right] \qquad (3)$$

Por lo tanto, el stock de capital tecnológico inicial es

$$K_{it} = R_i \delta^{-1} \left[1-(1-\delta)^s \right] \qquad (4)$$

Así pues, el capital tecnológico inicial se puede calcular con la expresión (4), considerando s como el número de años en que se han realizado gastos en I+D y R_i como el gasto promedio en I+D en un determinado periodo de análisis.

Fundamento del análisis empírico

El modelo empírico construido está basado sobre el modelo de crecimiento de Romer (1990). Este modelo se basa en tres partes: 1) el crecimiento se basa en el cambio tecnológico; 2) el cambio tecnológico surge como resultado de acciones intencionales que toman las personas que responden a los incentivos del mercado; 3) planos (diseños) para la fabricación de nuevos productos no son rivales, es decir, que puede ser replicado sin costo adicional. El modelo tiene tres sectores: el sector de investigación y desarrollo (I+D) sector, el sector de bienes intermedios y el sector de bienes finales. El producto final es producido de acuerdo con una función de producción Cobb-Douglas

$$Y(H,L,x) = H_Y^\alpha L^\beta \int_0^\infty x(i)^{1-\alpha-\beta} \, di \qquad (5)$$

Donde H,L,x son el capital humano, el trabajo y bienes durables, respectivamente. Cada bien durable es producido por un monopolio en el sector de bienes intermedios usando η unidades de consumo sacrificado y el diseño de ese bien durable comprado al sector I+D. La creación de nuevos diseños en el sector I+D evoluciona de acuerdo con la siguiente ecuación:

$$\dot{A} = \delta H_A^\theta A \tag{6}$$

Donde H_A es el total de capital humano en el sector I+D, A es el stock de conocimientos y $\dot{A}$ son los nuevos diseños (innovación). El postulado más importante del modelo Romer que conduce a un crecimiento económico sostenible es el hecho de que la producción de nuevos diseños es lineal en el capital humano empleado en el sector I+D y stock de conocimientos (i.e, $\theta = 1$). Esto tiene dos implicaciones: primero: dedicar más capital humano para la investigación conduce a una mayor tasa de producción de nuevos diseños; cuanto mayor es el stock de diseños y conocimientos, mayor será la productividad de un ingeniero que trabaja en el sector de la investigación.

Después que un nuevo diseño se produce, entra en la economía en dos formas diferentes: un nuevo diseño permite la producción de un nuevo bien intermedio que se puede utilizarse en la producción del producto; también incrementa el stock total de conocimientos y la productividad del capital humano en el sector de investigación. El capital total evoluciona de acuerdo a la siguiente ecuación:

$$\dot{K}_t = Y_t - C_t \tag{7}$$

Debido a que toma η unidades de consumo sacrificado para crear una unidad de cualquier tipo de bien durable, esta medida de contabilidad de K está relacionado con los bienes duraderos que son realmente utilizados en la producción según la siguiente regla:

$$K = \eta \sum_{i=1}^{\infty} x_i = \eta \sum_{i=1}^{A} x_i \tag{8}$$

Debido a la simetría en el modelo, todos los bienes durables disponibles son suministrados en el mismo nivel y pueden ser denotados como x. Puesto que A determina el rango de bienes duraderos que se pueden producir, y puesto que η unidades de producto se requieren por unidad de bienes duraderos, es posible despejar x de la ecuación $K = \eta A x$. Luego sustituyendo $x = K / \eta A$ en la función de producción de la ecuación (5) da lugar a la forma final de la función de producción en el modelo de Romer:

$$Y\left(H_Y, L, x\right) = \left(H_Y A\right)^{\alpha} \left(LA\right)^{\beta} \left(K\right)^{1-\alpha-\beta} \eta^{\alpha+\beta-1} \tag{9}$$

Los incrementos en los rendimientos a escala se elevan tanto en los sectores de I+D como en el de bienes finales porque ambos sectores usan stock de conocimientos no rival, A, como insumo. A entra en el sector de I+D directamente e indirectamente en el proceso de producción de bienes finales a través de los desbordamiento de los conocimientos. La implicación más importante de este modelo es que los países puedan alcanzar un crecimiento económico perpetuo mediante el fomento del sector I+D y la inversión en capital humano.

De lo dicho anteriormente, es muy importante probar que los avances tecnológicos juegan un papel importante en la explicación el largo plazo el crecimiento económico. Así como la formación de capital humano juega un papel importante en la generación de innovación. La teoría del crecimiento endógeno, visualiza que los esfuerzos orientados a la innovación responden a los incentivos económicos como un importante motor del progreso tecnológico y el crecimiento de la producción. Este esfuerzo adopta la forma de inversión en capacidad tecnológica, que es la capacidad de hacer un uso eficaz de los conocimientos tecnológicos y generar beneficios indirectos considerables.

Especificación econométrica

Primero se utiliza un modelo de regresión lineal para estimar la función de innovación ya que se pretende explicar el comportamiento la innovación en función del stock de conocimientos. Posteriormente se utiliza un modelo de datos panel debido a la limitada información existente con respecto nuestras variables mencionadas anteriormente, razón por la cual también se utiliza una división regional con objeto de tener una mayor cantidad de datos. Además de que algunas de las ventajas de usar datos en panel son que se toma en cuenta y controla la heterogeneidad individual; da más información, pueden descomponerse las variaciones de los datos en: variaciones entre empresas, estados o individuos (Gujarati, 2004). Asimismo, permite analizar los efectos individuales específicos y los efectos temporales.

El análisis empírico utiliza los datos del sector manufacturero INEGI (2010), cubre 10 regiones de México, las cuales a su vez están integradas por diferentes números de estados, para el período 1994-2010. Retomando la ecuación de la creación de nuevos diseños o innovación:

$$\dot{A} = AH^{\theta} \tag{10}$$

Donde los resultados del flujo de innovación o patentes creadas $\dot{A}$ dependen de la cantidad de capital humano dedicado a la investigación H, y del stock de conocimientos A. Si aplicamos logaritmos para linealizar la ecuación tenemos:

$$\ln \dot{A} = \ln A + \theta \ln H \tag{11}$$

A esta ecuación se le agregan otras variables como el nivel de escolaridad superior y el Producto Interno Bruto debido a que la sola ecuación posee un alto grado de significatividad. Estas variables ayudan a obtener un modelo más significativo aparte de tener una relación de causalidad de acuerdo con la prueba da causalidad de Granger que se muestra en el cuadro 3, donde la probabilidad menor a 0.05 indica que si existe causalidad entre las variables.

Cuadro 3. Prueba de causalidad de granger

	Stock causa a Patentes	SNI causa a Patentes	ES causa a Patentes	PIB causa a Patentes
Probabilidad	0.00000	0.00000	0.00000	0.06783

Fuente: elaboración propia.

El modelo a estimar es de la siguiente forma:

$$\ln Innovacion_t = \alpha + \beta \ln stockct_t + \theta \ln H_t + \varphi \ln ES_t + \phi \ln PIB_t + \varepsilon_t \qquad (12)$$

Donde ln *ES* y ln *PIB* representan al nivel educativo superior y al Producto Interno Bruto. Asimismo, el modelo utilizado para probar impacto de la innovación en crecimiento del producto deriva de una manera convencional, a partir de una función de producción en la que se incluyen la variable patentes del modelo anterior como proxi de innovación, a manera de medir el impacto que genera en el crecimiento económico todo el aprendizaje derivado de la acumulación de conocimientos y los efectos asociados a ella donde se incluye el valor de las externalidades que son los efectos de conocimientos tecnológicos de las regiones más cercanas.

Para estimar esta función, adoptamos una extensión de la función de producción Cobb-Douglas:

$$Y_{it} = A_{it} L_{it}^{\alpha} K_{it}^{\beta} S_{it}^{\delta} R_{it}^{\gamma} E_{it} \qquad (13)$$

Luego aplicando logaritmos a la ecuación (13) tenemos la siguiente ecuación de regresión:

$$y_{it} = a_{it} + \alpha l_{it} + \beta k_{it} + \delta s_{it} + \gamma r_{it} + e_{it} \qquad (14)$$

Donde: y_{it} es el crecimiento del PIB per cápita; l_{it} es salario; k_{it} es el la formación bruta de capital; s_{it} es la innovación; r_{it} es la externalidad; e_{it} es el término de error; *i* representa la región 1,2,...,10; y, *t* representa el tiempo 1,2,...,13.

Análisis de resultados de la estimación econométrica

Los resultados de la estimación econométrica del modelo de la ecuación (12) se muestran a continuación

Cuadro 4. Resultados de la estimación del modelo de innovación

Parámetro	Valor estimado	Probabilidad
α	8.35506	0.5628
β	2.37343	0.0383
θ	1.53594	0.0000
ϕ	-0.99458	0.0009
φ	-1.56445	0.0062
R^2	0.81000	
σ	0.08230	
$\epsilon'\epsilon$	0.09490	
DW	1.76590	

Fuente: elaboración propia.

El cuadro 4 muestra los resultados de la estimación del modelo de innovación. En la primera columna se muestran los parámetros, en la segunda el valor estimado de dichos parámetros y en la tercera columna el valor de la probabilidad al 95% de confianza. El modelo muestra una bondad de ajuste de 0.81. Los resultados de los parámetros β y θ, es decir, del stock de conocimientos y la cantidad de capital humano dedicado a la investigación son los esperados de acuerdo a la teoría del crecimiento endógeno, es decir, son significativos con un efecto positivo en la generación de innovaciones. Sin embargo los parámetros ϕ y φ referentes a la educación superior y Producto Interno Bruto son significativos aunque no con el signo esperado. Asimismo, el modelo cumple con todos los supuestos del modelo clásico de regresión lineal.

Cuadro 5. Resultados de la estimación del modelo de producción

Variables	MCO	MEF	MEA
fbkfp	-0.41599	0.03113	0.02961
	[0.0000]	[0.0000]	[0.0000]
salario	0.54856	0.17237	0.18299
	[0.0000]	[0.0000]	[0.0010]
innovación	-0.16147	0.02061	0.01922
	[0.0010]	[0.0000]	[0.0000]
externalidades	-1.33814	0.36983	0.31354
	[0.0050]	[0.0000]	[0.0000]
constante	21.19938		4.95537
	[0.0000]	-	[0.0000]
F (p-value)	0.0000		
LM (p-value)	0.0000		
Hausman (p-value)		0.8007	
Observaciones	480	480	480
R^2	0.21	0.30	0.30

El intervalo superior corresponde al valor del coeficiente y el intervalo inferior en paréntesis corresponde al valor de la probabilidad.

Fuente: elaboración propia.

El cuadro 5 muestra las estimaciones econométricas de la función de producción mediante datos panel aplicada para las diez regiones económicas antes mencionadas. La primera columna muestra la estimación en mínimos cuadrados ordinarios, en la segunda columna la estimación mediante efectos fijos (EF) el cual supone que las diferencias entre regiones no son aleatorias y en la tercera la de efectos aleatorios (EA) que supone que las diferencias entre regiones son aleatorias.

Para determinar cuál de estos tres modelos es mejor, tenemos que compararlos aplicando determinadas pruebas. Por ejemplo, para elegir entre el modelo de mínimos cuadrados ordinarios y el modelo de efectos fijos aplica la prueba F, que en este caso tiene un valor de probabilidad menor a 0.05, lo cual indica que el modelo de efectos fijos es preferido. Asimismo, la prueba LM arroja una probabilidad menor a 0.05, lo cual indica que el modelo de efectos aleatorios se prefiere al de mínimos cuadrados y para elegir entre efectos fijos y aleatorios se aplica la prueba Hausman, que en este caso arroja un valor mayor a 0.05, motivo por el cual el modelo el modelo de efectos aleatorios es mejor.

La estimación econométrica por mínimos cuadrados muestra en todas sus variables independientes un coeficiente positivo y significativo. De acuerdo con los resultados un incremento de 1 por ciento en stock de capital tecnológico incrementa el 0.11 por ciento el PIB per cápita a nivel regional.

Los resultados en la estimación con efectos fijos, el incremento en el PIB per cápita provocado por la innovación es de 0.02 por ciento. En esta regresión el coeficiente de la externalidad es positivo y significativo, y en cuanto a las otras dos llámese *fbkfp* y salario sus coeficientes también son positivos y significativos. En cuanto la regresión con efectos aleatorios el incremento de 1 por ciento en la innovación provoca también un 0.02 por ciento de incremento en el PIB per cápita. De igual modo la *fbkfp* y el salario son positivos y significativos y por su parte la externalidad, también es positivo y significativo.

Como se puede constatar, los resultados arrojados por la estimación econométrica muestran que en las regiones aquí estudiadas, los resultados son consistentes con lo mencionado anteriormente de acuerdo con lo predicho por los modelos de crecimiento endógeno, ya que la innovación indica que la mayor dotación de ésta tiene efectos positivos y significativos en el PIB per cápita.

Conclusiones

El objetivo de este trabajo fue analizar el papel que juega la innovación tecnológica en la determinación del crecimiento económico regional. Se utilizó un modelo econométrico de MCO para estimar la función de innovación. Asimismo, se utilizan datos panel del sector manufacturero correspondientes a nueve regiones de México, la información estadística, corresponde al PIB per cápita, la *fbkfp*, el salario, la innovación y las externalidades en el período 1993-2010. Con base en la mencionada información, se estimar la función de producción Cobb-Douglas ampliada.

De los resultados que se obtienen en este trabajo queda claro que los postulados de los modelos de crecimiento endógeno se cumplen significativamente para el caso de México. Los resultados econométricos de la función de innovación proporcionan evidencia empírica suficiente del papel relevante del stock de conocimientos en la generación de innovaciones, situación que es postulada por los modelos de crecimiento endógeno.

Asimismo, el análisis obtenido de las evaluaciones empíricas de la función de producción permite verificar aunque que la incorporación de innovaciones tecnológicas en el proceso productivo impacta de manera positiva en crecimiento del PIB per cápita a nivel regional, estos efectos no son los suficientemente significativos para lograr un crecimiento sostenido suficiente debido a los impactos que son muy pequeños como lo muestran los resultados de la estimación econométrica.

Sin embargo, los resultados reflejan claramente el resultado obtenido por Romer (1990), donde encuentra una relación positiva entre el aumento en el gasto en I+D y el crecimiento económico, deduciendo que la participación de agentes económicos en las actividades de investigación y desarrollo sí está generando condiciones favorables que influyen positivamente en el crecimiento económico. Por lo tanto, se puede concluir que las políticas gubernamentales encaminadas hasta ahora a la generación de nuevas innovaciones tecnológicas no han logrado tener una contribución importante para hacer crecer la economía a un mayor ritmo, lo cual debe llevar a un estudio profundo para verificar las causas de porque la innovación que se realiza no está contribuyendo de manera significativa al crecimiento económico.

Bibliografía

Aboites Jaime, Dutrénit Gabriela (2003), Innovación, Aprendizaje y Creación de Capacidades Tecnológicas. Ed. Miguel Ángel Porrúa-Universidad. Autónoma Metropolitana. México, D.F.

Acemoglu, Daron (2008), *"Introduction to Modern Economic Growth"*, Princeton University Press, forthcoming.

Aghion, Philippe y Howitt, Peter (1998), *Endogenous Growth Theory*, MIT Press.

Barro, Robert y Sala-I-Martin, Xavier (1997), "Technological Diffusion, Convergence, and Growth", *Journal of. Economic Growth*, Vol. 2, N.º 1, págs. 1-26.

Barro, Robert y Sala-I-Martin, Xavier (2003), *"Economic Growth, The MIT Press, 2.ª ed".*

Borondo Arrivas, Carlos (2008). La innovación en la literatura reciente del crecimiento endógeno. Universidad de Valladolid.

Borondo, Carlos (2008), *"Una estimación de la 'función de producción de ideas en España"*, Principios. Estudios de Economía Política, 10, págs. 43-63.

Cantwell, J., Iammarino, S. (2003), Multinational Corporations and European Regional Systems of Innovation. Routledge, London.

Carrillo Huerta, Mario M. (2006), *Aspectos Microeconómicos introductorios del desarrollo regional y urbano*, México, D.F. Instituto Politécnico Nacional.

Coe, David T., Elhanan Helpman, and Alexander W. Hoffmaister, (1995), "North-South R&D Spillovers," NBER Working Paper, No. 5048, (Cambridge, Massachusetts: National Bureau of Economic Research).

Crespo, J. y Velázquez, F.J. (1999), "Existen diferencias internacionales en la eficiencia del gasto en I+D?", *Papeles de Economía Española* 81, 104-114.

De la Fuente, Ángel y Doménech, Rafael (2006), *"Capital humano, crecimiento y desigualdad en las regiones españolas"*, Moneda y Crédito, Madrid, España.

Dosi, G, C. Freeman, S.Fabiani, R, Aversi, "The Diversity of Development Patterns: Cathing up, Forging Ahead and Falling Behind, Economic

Growth and the Structure of Long-Term Development: Proceedings of the IEA Conference", Varenna, Italia, 1994, pp. 132-167.

Fagerberg, I., "Why Growth Rates Differ", in Dosi *et at, 1988.*

Frantzen, Dirk (2000), "R&D, Human Capital and International Technology Spillovers:

A Cross Country Analysis," *Scandinavian Journal of Economics*, Vol. 102 No. 1, pp. 57-75.

Germán-Soto, Vicente., L.Gutiérrez Flores, L. & S. Tovar (2009): "Factores y Relevancia Geográfica del Procesco de Innovación Regional en México, 1994-2006", *Estudios Económicos* Vol.24 núm.2.

Grandon, V. y Rodríguez, L. (1991), "Capital tecnológico e incrementos de productividad en la industria española", *Documento de trabajo 91-01, Universidad Carlos III de Madrid.*

Greene, W. (2000), *Econometric Analisis,* cuarta edición, U.S.A., Prentice Hall.

Griffith Rachel, Stephen Redding, and John Van Reenen, (2001), "Mapping the Two Faces of R&D: Productivity Growth in a Panel of OECD Countries," The Institute for Fiscal Studies, Working Paper, 02/00 (London, United Kingdom: The Institute for Fiscal Studies).

Grossman G. M. and Helpman E. (1991), *Innovation and Growth in the Global Economy.* MIT Press, Cambridge (MA).

Gujarati, D.N. (2004), Econometría, McGraw Hill, cuarta edición.

Aghion, P. y P. Howitt (1992), "A model of Growth through Creative Destruction", *Econometrica,* vol.60, no.2, pp.323-351.

Howitt, Peter (2000), "Endogenous Growth and Cross-country Income Differences", *American Economic Review* 90, págs. 829-46.

Howitt, Peter y David Mayer-Foulkes (2005), "R&D, Implementation and Stagnation: A Schumpeterian Theory of Convergence Clubs", *Journal of Money, Credit and Banking* 37, págs. 147-77

Instituto Nacional de Estadística, Geografía e Informática. www.inegi.org.mx

Jaffe, A.B. (1986): «Technological opportunity and spillovers of R&D: Evidence from firm's patents, profits, and market value», *American Economic Review,* vol. 76, n° 5, pp. 984-1001.

Jones, Charles (1995), "R&D-Based Models of Economic Growth", *Journal of Political Economy* 103 (4), págs. 759-784

Johnston, Jack y Dinardo, John (1997), *Econometric Methods,* Fourth Edition, U.S.A., Mc Graw-Hill International Editions.

Rios Bolivar, Humberto y Marroquín Arreola, Juan (2008), "Educación y crecimiento económico por entidad federativa en México: un análisis de panel", *Eseconomia,* Abril-junio 2008, vol. 1, num.18, pp. 7-31, Mexico, D.F.

Mikel Landabaso, *"La innovación y el desarrollo tecnológico como factores clave de la competitividad y el desarrollo regional: aportaciones teóricas recientes".* Comisión Europea, Dirección de política regional y cohesión.

Pavit, K. y L. Soete (1981), "International Differences in Economic Growth and the International Location of Innovation, Emerging Technologies: Consequences for Economic Growth, Structural Change and Employment,".

Porter, Michael E., and Scott Stern, 2000, "Measuring the 'Ideas' Production Function:

Evidence from International Patent Output," NBER Working Paper No. 7891, (Cambridge: Massachusetts: National Bureau of Economic Research).

Romer, Paul (1986), "Increasing Returns and Long-Rung Growth" *The journal of Political Economy,* vol. 94, num. 5, pp.1002-1037.

Romer, Paul, (1990), "Endogenous Technological Change" *The Journal of Political Economoy,* vol. 98, num. 5, part 2: The problem of Development: A Conference of the Institute for Study of Free Enterprise System, pp.S71-S102.

Zachariadis, Marios (2003), "R&D, Innovation, and Technological Progress: A test of the Schumpeterian Framework without Scale Effects," *Canadian Journal of Economics,* Vol 36, No. 3, pp. 566-686.

CAPITULO VI
Estructura competitiva del sector industrial de la mensajería y paquetería en México

Mario Aguilar Fernández
Profesor-Investigador
Unidad Profesional Interdisciplinaria de Ingeniería, Ciencias Sociales y
Administrativas
Instituto Politécnico Nacional

Igor Rivera González
Profesor-Investigador
Unidad Profesional Interdisciplinaria de Ingeniería, Ciencias Sociales y
Administrativas
Instituto Politécnico Nacional
Investigador Nacional-CONACYT (SNI Nivel I)

Mariana Marcelino Aranda
Profesora-Investigadora
Unidad Profesional Interdisciplinaria de Ingeniería, Ciencias Sociales y
Administrativas
Instituto Politécnico Nacional
Investigadora Nacional-CONACYT (SNI Nivel I)

Los coautores agradecemos los apoyos otorgados por la Secretaría de
Investigación y Posgrado del IPN, a través de los proyectos 20150407,
20152105 y 20150486, los cuales sirvieron de soporte para el presente
capítulo.

Introducción

Este capítulo está destinado a los estudiosos que requieren conocer más a fondo al sector industrial de mensajería y paquetería en México, es decir, entender a la industria y a sus competidores. El análisis de la competencia servirá no sólo para formular la estrategia organización, sino que contribuirá además a planificar las funciones financieras, de mercadotecnia y muchos otros aspectos.

Confiamos en que el presente trabajo facilite el establecimiento de políticas públicas adecuadas respecto a la competencia. Además de ayudar a fortalecer la posición en el mercado del sector industrial en estudio.

Algunas organizaciones experimentan un crecimiento meteórico, alcanzando el liderazgo en su sector industrial, mientras otras se estancan o quiebran. Algunas se apoderan de cada oportunidad que se les presenta, mientras otras, se mueven demasiado tarde o no lo suficiente para lograr sus objetivos.

La variación en desempeño y éxito en las estrategias de las organizaciones es lógica, ya que existen grandes diferencias en los sectores industriales en los cuales participan, en las regulaciones de su medio ambiente, en los recursos humanos, financieros, etc. Todas estas variaciones confunden al director que tiene que navegar en el medio ambiente externo de su organización.

Por lo tanto, el propósito del presente capítulo es establecer las pautas para diseñar estrategias competitivas en el sector industrial de mensajería y paquetería en México, a partir de su análisis estructural. Con el fin de identificar los elementos que aquí se analizan, la investigación fue principalmente documental y de campo. La primera, fue la localización, evaluación y uso de información proveniente de libros y revistas relevantes y pertinentes. Y la segunda, la realización de entrevistas con el personal de las empresas involucradas. Con estos elementos se espera que el mensaje de este trabajo pueda ser comprendido con facilidad para los lectores.

Antecedentes

En el apartado de antecedentes se dan las bases teóricas de las Fuerzas Competitivas y del Diamante de Porter, posteriormente se describe la problemática de las empresas mexicanas, con lo cual se abordan los antecedentes y mercado de la mensajería y paquetería en México respectivamente.

Esta primera parte tiene como primer objetivo describir algunas de las características de mayor representatividad de las empresas mexicanas, posteriormente conocer la génesis de la mensajería y paquetería en México y el mercado y productos que hoy en día están generando valor en esta industria. Finalmente se dan las bases teóricas que permiten realizar el análisis estructural de la mensajería y paquetería a través de las Fuerzas Competitivas de Porter.

Contexto

Tipología de las empresas mexicanas

México después de un "supuesto" crecimiento económico presentado a inicios de la década de los 90, enfrentó una de sus peores crisis en 1994 que derivó en un estancamiento productivo. A partir de ese momento, el gobierno se planteó en términos de política industrial formar, a través de la acción coordinada con los sectores productivos, una planta industrial competitiva a nivel internacional, orientada a producir bienes de alta calidad y mayor contenido tecnológico, teniendo como puntos rectores buscar el ahorro interno, la disciplina fiscal, el uso eficiente de los recursos, una política ambiental y políticas sectoriales. Asimismo, la agenda económica para inicios del siglo XXI fue buscar un crecimiento con calidad a través de generar un entorno competitivo, acceso al financiamiento, formación y vinculación empresarial. En los últimos 6 años el discurso está orientado a tener una economía competitiva y generadora de empleos a través de crear más y mejores empleos, más y mejores empresas y más y mejores emprendedores.

No obstante los planteamientos vertidos por el gobierno, en un comparativo entre 139 países, México se ubica entre las economías

menos competitivas, colocándose en el lugar 66 y con una serie
de fallas y desafíos como son: bajo desempeño en instituciones,
ineficiencia en el mercado de trabajo, la educación superior e
innovación y un Producto Interno Bruto per-cápita inferior a los once
mil dólares (World Economic Forum, 2010). Lo que hace ver que no
obstante las líneas de acción emprendidas no han sido suficientes
para generar las condiciones de mercado requeridas para ello, tales
como una estrategia fiscal, un sistema financiero sólido, estabilidad
de precios, seguridad social y legal; que han buscado generar un
ambiente económico y social que permita a las empresas no sólo
subsistir sino tener un crecimiento vertido en mayores cuotas de
mercado y ganancias.

Ante esta realidad, para nadie es desconocido el ambiente
anti-productivo en el que labora una gran cantidad de empresas en
México, lo cual se refleja en su debilidad productiva y en su fragilidad
competitiva (Pacheco, 1996). Para reforzar lo anterior, la investigación
de Rodríguez muestra que los principales obstáculos para la aplicación
de metodologías o modelos de mejora son los siguientes (Rodríguez,
1996):

- El tiempo requerido para obtener los beneficios esperados.
- El costo, es decir, la no disponibilidad de los recursos
  económicos necesarios.
- La falta de capacitación de los empleados, que impide la
  puesta en marcha de los principios y técnicas.
- La organización del director de la empresa, que impide la
  aplicación de ciertas técnicas y la obtención de los beneficios
  esperados.

Aunado a estos cuatro obstáculos y la escasa certidumbre económica
que vive el país, las empresas mexicanas presentan las siguientes
características (Cifuentes, 1994):

- La empresa mexicana tradicional, pequeña, mediana o grande,
  generalmente pertenece y se administra por una persona, o
  por un grupo muy pequeño, frecuentemente compuesto por
  familiares y/o amigos.

o El dueño-director normalmente es la única persona que conoce el negocio y comparte lo menos posible con sus subordinados información, conocimientos e ideas.

o El dueño-director generalmente se dedica mucho a su negocio y se preocupa por su rentabilidad, ya que de ésta depende su economía y posición social. También considera su negocio como el patrimonio de sus hijos, algunos de los cuales, se espera, lo heredarán de él.

o El dueño carece de una preparación formal de cómo se administra un negocio y en la mayoría de los casos la información obtenida del procesamiento de sus datos es para el pago de impuestos no así para tomar decisiones.

o La falta de sistematización de las actividades operativas y administrativas del negocio lo hacen más vulnerable a la fiscalización y el control gubernamental.

o Los negocios tradicionalmente han sido de cobertura local o, en el caso de empresas un poco más grandes, regional y hasta nacional.

o Las empresas no se han preocupado mucho por la competencia, ya que siempre han tenido suficiente mercado y los clientes han sido muy tolerantes con respecto a variaciones en calidad. Se podría decir que la vida era tranquila, no había grandes presiones y podía obtenerse un buen ingreso.

o En cuanto a capacitación y desarrollo, a pesar de que la Ley Federal del Trabajo estipula que cada empresa aporte cierto porcentaje de su presupuesto a la capacitación de los empleados, en general, la capacitación se considera un gasto infructuoso del presupuesto que produce pocos réditos tangibles. Tradicionalmente el concepto de la capacitación ha sido un proceso natural donde el trabajador con experiencia le ayuda al trabajador sin experiencia, de alguna manera como si fuera un aprendizaje. La capacitación todavía se da aprendiendo en el trabajo.

o Las relaciones económicas o asociativas con otras empresas es deficiente, lo que le impide crear alianzas productivas o comerciales con empresas del mismo sector o colaterales.

o La disposición de los recursos generados por la empresa son dirigidos a cubrir necesidades propias de los dueños, no así en la inversión en infraestructura que le permita realizar innovaciones en sus procesos productivos y de comercialización o mejorar la calidad de sus productos o servicios.

Eva Kras, por su parte, comenta que el concepto de una filosofía empresarial explícita o valores corporativos, no forman parte del estilo tradicional mexicano. Ciertamente, los objetivos se encuentran en la mente del dueño o director, pero rara vez se ponen por escrito. Para la misma autora, con poca frecuencia se le consulta al grupo administrativo, y éste tiene que aceptar hacer su trabajo como se le encomendó sin hacer muchas preguntas. En este tipo de empresa, los gerentes y los trabajadores saben que no tienen opinión en el funcionamiento de ella. En todo caso, se les considera empleados de confianza, sin tener la participación, así que se considera indiscreto hacer preguntas sobre los objetivos y planes de la empresa (Kras, 1991).

Con respecto a la actitud del dueño o director de una empresa, por lo general, sabe lo que quiere hacer, pero comúnmente sus objetivos son a corto plazo. "Sólo puedo planear a corto plazo porque nunca se sabe qué hará el gobierno, en relación con nuevos impuestos, reglamentos, etc." (Cerda, 1990). O porque la información con la que cuenta es escasa o no está actualizada, lo que lo lleva a vivir constantemente en la incertidumbre, y le dificulta establecer el objetivo "el qué" y las líneas de acción "el cómo" de la empresa.

Se puede decir que todo lo anterior representa a una típica empresa mexicana, una situación donde el establecimiento de objetivos y la planeación, en caso de que se tenga, se mantienen en manos de una o unas cuantas personas.

Antecedentes generales de la mensajería y paquetería en México

Aunque no existe en el plano formal una definición de mensajería, ésta puede definirse como el servicio que integra recepción, tratamiento logístico, envío y entrega de documentos y paquetes de un emisor a un destinatario con carácter nacional, regional o internacional, donde dicho servicio es prestado al público por empresas públicas o privadas (Ortega, 1998) en condiciones de velocidad, seguridad y confiabilidad, a diferencia del servicio de autotransporte de carga que hace entrega de mercancías.

A nivel mundial, el correo es por su propia naturaleza, el antecedente histórico primordial de todo servicio de envíos y transportación de documentos y/o paquetes de un emisor a un destinatario predeterminado. La industrialización, que para fines del siglo XVIII se encontraba ampliamente difundida en el mundo occidental, trajo consigo dos fenómenos de trascendental importancia en la historia del correo (Freídman, 1986): a) La división internacional del trabajo, y b) La multiplicación de las transacciones mercantiles entre diversos países y regiones de influencia económica.

Este último suceso fue determinante en la creación de nuevas necesidades, pues el transporte internacional de mercancías de un punto geográfico a otro cobró vital importancia. Así, en las primeras décadas del siglo XX comenzaron a aparecer en los Estados Unidos los primeros servicios de entrega de documentos, paquetes y mercancías, alternativos a los prestados por el correo institucionalizado, es decir, las primeras empresas de mensajería. Entre las más reconocidas están: *Federal Express, UPS y DHL*.

En México, desde el siglo XIX este servicio lo prestaba únicamente Correos de México. Hacia la segunda mitad del siglo pasado, surgen las primeras alternativas para disminuir la carga a los correos, estas opciones fueron los concesionarios del autotransporte y el servicio express de Ferrocarriles Nacionales de México. Siguiendo el ejemplo de empresas norteamericanas de autobuses como Greyhound y ABF, algunos grandes transportistas mexicanos inician operaciones incorporando la mensajería y la paquetería como servicios suplementarios. Dado que por aquellos años no existían empresas mexicanas dedicadas únicamente a la mensajería, puede afirmarse que son los transportistas los pioneros en el giro a nivel nacional (Reyes, 2001).

El proceso de globalización económica y el volumen de paquetería a mover fueron tan grandes que comenzaron a surgir las empresas nacionales especializadas en el servicio de mensajería y paquetería.

A finales de la década de los 70, empezaron a llegar a México las transnacionales como DHL (1977), Federal Express (1995), UPS (1988) y Airborne Express (a través de subsidiaria mexicana Pegaso). Desde entonces hasta nuestros días el crecimiento anual del mercado de mensajería y paquetería no ha sido menor al 15 % (Vázquez, 1996).

Pese a lo anterior, las empresas nacionales siempre han considerado que hay un mercado lo suficientemente grande y diversificado para que todos tengan cabida, puesto que aún es muy elevada la necesidad de comunicación y transporte en México.

Los empresarios del sector consideran que aquellas que tengan la capacidad, visión y disciplina para poder modernizarse, sin duda tendrán mejores posibilidades para hacerle frente a la competencia e incluso, cuando la reciprocidad se dé, podrán ingresar al mercado foráneo, sobre todo a Estados Unidos y Centro América.

El mercado de la mensajería y paquetería en México

La mensajería y paquetería es uno de los sectores industriales estratégicos de México. Con la entrada en vigor del Tratado del Libre Comercio, México se convirtió en un importante centro de distribución y corredor de mercancías. La industria de la mensajería, paquetería y carga se vieron activadas, y hoy en día brinda servicio a más de 40 mil personas o negocios que requieren diariamente de este tipo de trabajo especializado (Tovar, 1998).

Existen en México alrededor de 2 mil empresas de mensajería y paquetería que además distribuyen, importan, exportan almacenan y gestionan todo tipo de mercancías. El organismo que agrupa a las empresas de este sector es la Asociación Mexicana de Mensajería y Paquetería que integra empresa privadas que cuentan con una cobertura internacional, nacional, regional, local y metropolitana (PROFECO, 2010).

Las empresas nacionales, lideradas por Estafeta Mexicana y Multipack; y las multinacionales DHL, United Parcel Service (UPS) y Federal Express, constantemente están fortaleciendo su infraestructura para librar la batalla por los envíos nacionales. Como se muestra en la tabla

1, Estafeta Mexicana ocupa el primer lugar nacional en la participación del mercado (número de clientes, ventas y cantidad de envíos transportados).

Tabla 1. Mercado actual de la mensajería y paquetería en México

Empresa	Participación de mercado
Estafeta	32%
Multipack	25%
DHL	20%
UPS	12%
Federal Express	6%
Otras	5%

Fuente: Departamento de Mercadotecnia (2010).

La necesidad de envío de documentación entre personas y organizaciones no sólo se mantiene, sino que sigue en aumento a pesar de las nuevas tecnologías de transmisión de información como las redes de cómputo y el Internet. Antes, sólo se trataba de transportar paquetes y documentos, hoy existen clientes con diferentes intereses, por ejemplo hay quienes demandan entrega especializada, pruebas físicas de entrega; a otros les interesa más la logística y la recolección pre-establecida de sus paquetes; y a algunos otros, la información electrónica de detalle o la facturación de acuerdo a sus ciclos de costo; por mencionar algunos.

En la tabla 2, se muestran los servicios adicionales que ofrecen las principales empresas de mensajería en México.

Tabla 2. Servicios adicionales de las principales empresas de mensajería y paquetería en México

Servicios adicionales	DHL	UPS	FEDEX	ESTAFETA	MULTIPACK
Oficinas en México	123	66	29	328	363
Recolección	SI	SI	SI	SI	SI
Entrega a domicilio	SI	SI	SI	SI	SI
Empaque del envío	NO	NO	SI	SI	SI
Acuse de recibo	NO	NO	NO	SI	SI
Flete por cobrar	NO	SI	NO	NO	SI
Seguro opcional	Frágil 0.8% No Frágil 0.4%	1.00%	Valor declarado	1.25%	Valor declarado
Rastreo electrónico	SI	SI	SI	SI	NO

Fuente: elaboración propia con base en Departamento de Mercadotecnia (2010).

Las empresas de mensajería y paquetería, independientemente del producto o mercancía de que se trate han implementado un gran número de servicios enfocados a resolver las necesidades del usuario, buscando generar mayor valor, no sólo en la entrega del documento o paquete, sino también ofertando condiciones de velocidad, seguridad y confiabilidad, haciendo de sus portafolios de servicios cada vez más competitivos. Tal como se muestra en la tabla 3, el portafolio de servicios de los principales integrantes del sector industrial de mensajería y paquetería en México.

Tabla 3. Portafolio de servicios de las principales empresas de mensajería y paquetería en México

ESTAFETA	MULTIPACK	DHL	REDPACK	UPS
Servicio de entrega antes de las 7:45 am.	Guías Multipack (Paquetes) 24 hrs. Por c/1000 km.	Hoy mismo Únicamente 10 ciudades Peso máx. 30 kg.	Entrega 24 horas 268 localidades.	Express 10:30 am. Servicio a 7 ciudades
Servicio de entrega antes de las 11:30 am.	Guías Express (Documentos) 24 a 28 hrs.	Día siguiente Mismo costo para cualquier destino.	Entrega 48 horas 53 localidades	Express Día Siguiente (paquetes más 2 días).
Servicio de entrega al día siguiente	Servicio Fast Entrega mismo día.		Entrega 72 horas 11 localidades	Doméstico Estándar
Servicio de entrega en 2 días	Servicio Express Entrega día siguiente antes de las 9:00 am. (5 plazas)		Entrega a Guatemala, Nicaragua y El Salvador en 24 horas.	Capacidad de Logística.
Servicio terrestre (más de 3 días)				

Fuente: elaboración propia con base en Departamento de Mercadotecnia (2010).

Revisión de literatura

Análisis estructural de la industria

La esencia de formular una estrategia competitiva consiste en relacionar a una empresa con su medio ambiente. Se adopta la definición operante de un sector industrial como el grupo de empresas que producen productos o servicios que son sustitutos cercanos entre sí(Hax & Majluf, 1997). Un sector industrial es, entonces, el sistema conformado por un conjunto de empresas que rivalizan para vender productos y servicios que satisfacen una determinada necesidad (Hijar, 2011)[35]. La estructura de un sector industrial tiene una fuerte influencia al determinar las reglas

---

[35]   Con relación en el presente concepto, el grupo de empresas que producen servicios de mensajería y paquetería, es considerado como sector industrial.

competitivas, así como las posibilidades estratégicas potencialmente disponibles para la empresa.

Uno de los marcos estratégicos más influyentes ha sido el modelo de las cinco fuerzas de Porter. Basado en principio económico-industrial, Porter dice que el grado de atractivo de una industria está definido por cinco fuerzas que afectan los valores económicos creados por la actividad industrial. Estas cinco fuerzas competitivas son: nuevos ingresos, amenaza de productos sustitutos, poder negociador de los compradores, poder negociador de los proveedores y la rivalidad entre los actuales competidores (ver figura 1). Estas fuerzas reflejan el hecho de que la competencia en un sector industrial va más allá de los simples competidores (Porter, 2011).

Figura 1. Las cinco fuerzas competitivas que determinan la utilidad de un sector industrial

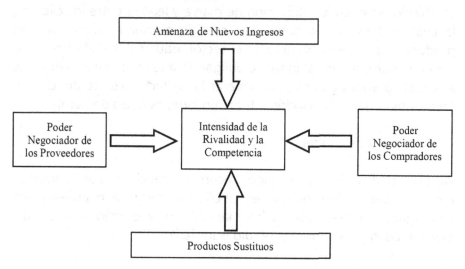

Fuente: Porter (2008a).

Amenaza de nuevos ingresos

(Competidores potenciales)

La amenaza de ingreso en un sector industrial depende de las barreras que estén presentes, aunadas a la reacción de los competidores existentes que debe esperar el que ingresa.

Existen seis factores principales que actúan como barreras para el ingreso:

- Economías de escala

Las economías de escala se refieren a las reducciones en los costos unitarios de un producto en tanto que aumenta el volumen absoluto por periodo. Las economías de escala frenan el ingreso, obligando al que pretende hacerlo producir en gran escala, o tiene que entrar en una escala pequeña y aceptar una desventaja en costos. Las economías de escala se pueden relacionar a un área funcional o derivarse de operaciones o actividades.

- Diferenciación del producto

La diferenciación del producto quiere decir que las empresas establecidas tienen identificación de marca y lealtad entre los clientes, lo cual se deriva de la publicidad, servicio al cliente, diferencias del producto o por ser el primero en el sector industrial. La diferenciación crea una barrera para el ingreso, obligando a los que participan en él, a realizar grandes gastos para superar la lealtad existente del cliente. Implica pérdidas de iniciación y toma un largo periodo de tiempo.

- Requisitos de capital

La necesidad de invertir grandes recursos financieros para competir, crea una barrera de ingreso en publicidad riesgosa o agresiva, en investigación y desarrollo, o internamente para el crédito al cliente, inventarios, o para cubrir las pérdidas iniciales.

- Costos cambiantes

Una barrera para el ingreso es la creada por la presencia de costos al cambiar de proveedor, es decir, los costos que tiene que hacer el comprador al cambiar de un proveedor a otro. Pueden incluir los costos del reentrenamiento del empleado, ayuda técnica, rediseño del producto, o incluso costos psíquicos por terminar una relación. Si estos costos del cambio son elevados, entonces los proveedores de nuevo ingreso tendrán que ofrecer una gran mejoría en el costo o desempeño, para que el comprador cambie al actual.

• Acceso a los canales de distribución

Se puede crear una barrera para nuevos ingresos por la necesidad de asegurar la distribución para su producto. La nueva empresa debe persuadir a los canales de que acepten su producto mediante reducción de precios, publicidad compartida, etc., lo cual reduce las utilidades. Los competidores existentes pueden tener lazos con los canales, basados en antiguas relaciones y servicio de alta calidad o incluso relaciones exclusivas. En ocasiones las empresas de nuevo ingreso tienen que crear un canal de distribución completamente nuevo.

• Política gubernamental

El gobierno puede limitar o incluso impedir el ingreso a industrias con controles tales como los requisitos de licencia y limitaciones en cuanto al acceso de materias primas. Las restricciones gubernamentales más útiles al ingreso se pueden derivar de controles tales como las normas sobre la contaminación del aire y del agua, seguridad y normas del producto y reglamentos de eficacia.

Intensidad de la rivalidad entre los competidores existentes

La rivalidad se presenta porque uno o más de los competidores sienten la presión o ven la oportunidad de mejorar su posición, y da origen a manipular su posición en precios, publicidad, nuevos productos o mejora en el servicio al cliente.

Las empresas son mutuamente dependientes, es decir, los movimientos competitivos de una empresa tienen efectos observables sobre sus competidores. Algunas formas de competir, en especial la competencia en precios, son sumamente inestables y muy propensas a dejar a todo un sector industrial peor, rentablemente hablando.

La rivalidad intensa es el resultado de diferentes factores estructurales que interactúan:

* Gran número de competidores o igualmente equilibrados.

Cuando existen muchas empresas, la rebeldía es grande, las empresas creen que pueden hacer jugadas sin que se note, se crea inestabilidad, pues las peleas son con recíproca correspondencia. Cuando el sector industrial está dominado por una o pocas empresas, éstas ponen disciplina mediante un liderazgo en precio.

* Crecimiento lento en el sector industrial.

Origina que la competencia se convierta en un juego por mayor participación en el mercado para las empresas que buscan expansión.

* Costos fijos elevados o de almacenamiento.

Estos costos crean fuertes presiones para que las empresas operen a plena capacidad, lo cual suele conducir a una escala de precios descendente cuando existe capacidad en exceso. Cuando los costos de almacenaje son altos, una vez que se ha terminado el producto, las empresas se ven tentadas a reducir los precios para asegurar las ventas.

* Falta de diferenciación o costos cambiantes.

Cuando los productos o servicios casi no tienen diferencia, la elección por parte del consumidor está basada en el precio y el servicio y esto da como resultado una intensa competencia por precio y servicios.

* Incrementos importantes de la capacidad.

Cuando las economías de escala dictan que la capacidad debe ser aumentada, las adiciones pueden alterar el equilibrio de la oferta y la demanda en el sector industrial y sobre todo si varias empresas se incrementan simultáneamente.

- Competidores diversos.

Los competidores difieren en estrategias, orígenes, personalidades y relaciones con sus compañías matrices (objetivos y distintas estrategias sobre la forma de competir). Las diferencias en las relaciones de las unidades comerciales competidoras con sus casas matrices también son una parte importante de la diversidad en el sector industrial.

- Intereses estratégicos elevados.

La rivalidad en un sector industrial se vuelve aún más volátil si varias empresas tienen un gran interés en lograr el éxito.

- Fuertes barreras de salida.

Son factores económicos, estratégicos y emocionales que mantienen a las empresas compitiendo en los negocios, aun cuando los rendimientos sobre la inversión sean bajos o incluso negativos. Algunas fuentes de barrera de salida son:

1. Activos especializados (poco valor de liquidación o costos elevados de transferencia o conversión).
2. Costos fijos de salida (contratos laborales, reinstalación, mantenimiento, etc.).
3. Interrelaciones estratégicas (entre la unidad comercial y otras en la compañía, en imagen, mercadotecnia, acceso a mercados financieros, etc.).
4. Barreras emocionales (la renuncia de la administración a tomar decisiones de salida, lealtad hacia los empleados, temor por la propia carrera, orgullo, etc.).
5. Restricciones sociales y gubernamentales. (falta de apoyo por pérdida de empleos y efectos económicos.

Presión de productos o servicios sustitutos

Todas las empresas en un sector industrial están compitiendo con empresas que producen artículos sustitutos. Cuanto más atractivo sea el desempeño de precios alternativos ofrecidos por los sustitutos, más firme será la represión de las utilidades y se reducirá la bonanza en el sector industrial.

La identificación de los productos sustitutos es cosa de buscar otros productos que puedan desempeñar la misma función que el producto en el sector industrial.

Los productos sustitutos que merecen la máxima atención son aquellos que:

- Están sujetos a tendencias que mejoran el desempeño y precio.
- Los producidos por sectores industriales que obtienen elevados rendimientos (los sustitutos suelen entrar rápidamente en escena si algún desarrollo aumenta la competencia en sus sectores y causa una reducción de precios o mejora de su desempeño).

Poder negociador de los compradores (clientes)

Los compradores entran en el sector industrial forzando la baja de precios, negociando por una calidad superior o más servicios y haciendo que los competidores compitan entre ellos.

Un grupo de compradores es poderoso si concurre en las circunstancias siguientes:

- Está concentrado o compra grandes volúmenes con relación a las ventas del proveedor (Si una gran porción de las compras es adquirida por un comprador dado, esto eleva la importancia del comprador en los resultados de la empresa).
- Las materias primas que compra el sector industrial representan una fracción importante de los costos o compras del comprador (se vuelve poderoso cuando su poder adquisitivo es muy fuerte y puede comprar en forma selectiva).
- Los productos que se compran por el sector industrial son estándar o no diferenciados.
- Si enfrenta costos bajos por cambiar de proveedor.
- Devengan bajas utilidades (Las bajas utilidades presionan fuertemente para disminuir los costos de compra).
- Los compradores plantean una real amenaza de integración hacia atrás, es decir, producir en el interior los componentes que necesitan.

- El producto del sector industrial no es importante para la calidad de los productos o servicios del comprador (cuando la calidad si importa, los compradores son menos sensibles al precio).
- El comprador tiene información total (información completa sobre la demanda, precios reales del mercado, costos del proveedor, etc., que le permiten negociar precios más favorables con seguridad).

La mayoría de las relaciones del poder del comprador se pueden atribuir tanto a los consumidores como a los compradores industriales y comerciales, mayoristas y minoristas, modificando el marco de referencia.

Todos los factores descritos con anterioridad cambian con el tiempo o con el resultado de las decisiones estratégicas de una empresa, El poder de los compradores puede aumentar o disminuir con la elección de los grupos de compra, lo cual debe considerarse como una decisión estratégica vital. Una empresa puede mejorar su posición estratégica, encontrando compradores que tengan un poder de compra mínimo para influirla en forma adversa. Rara vez todos los compradores disfrutan de igual poder.

Poder de negociación de los proveedores

Los proveedores pueden ejercer poder de negociación sobre los que participan en un sector industrial, amenazando con elevar los precios o reducir la calidad de los productos o servicios. Los proveedores poderosos pueden así exprimir los beneficios de un sector industrial incapaz de repercutir los aumentos de costos con sus propios precios.

Las condiciones que hacen poderosos a los proveedores tienden a ser el reflejo de las que hacen poderosos a los compradores. Un grupo de proveedores es poderoso si concurren las siguientes circunstancias:

- Que esté dominado por pocas empresas y más concentrado que el sector industrial al que vende.
- Que no estén obligados a competir con otros productos sustitutos para la venta en un sector industrial

- Que la empresa no sea un cliente importante del grupo proveedor
- Que los proveedores vendan un producto que sea un insumo importante para el negocio del comprador
- Que los productos del grupo proveedor estén diferenciados o se requieran altos costos por cambio de proveedor.
- Que el grupo proveedor represente una amenaza real de integración hacia adelante.

También debe considerarse como proveedores a la mano de obra, ya que los trabajadores escasos, altamente especializados y/o fuertemente sindicalizados, pueden negociar una parte significativa de las utilidades potenciales de una empresa. Además de las consideraciones anteriores, al hablar de mano de obra, se debe considerar su *grado de organización*, es decir, si la fuerza laboral está fuertemente organizada o la disponibilidad de trabajadores poco comunes está restringida en su crecimiento, el poder de los trabajadores puede ser mucho.

Resultados

En esta segunda parte, se proporciona información para que las empresas del sector puedan generar su propia estrategia competitiva, a partir del análisis del mapa de grupos estratégicos y competidores, y la evaluación de las Factores Competitivos de Porter.

Para lograr un panorama general del sector industrial de mensajería y paquetería mexicano, se siguieron tres fases(Porter, 1999):

a. Primeramente, se elaboró la lista inicial de los participantes en la industria, especialmente de los principales.
b. Se realizó una búsqueda de estudios dedicados a la industria. Solamente se encontraron algunos artículos de índole general en revistas especializadas.
c. Se buscaron informes anuales de algunas empresas del sector (investigación de campo). En ellos se encontraron algunos factores decisivos de operación.

Con el único recurso de leer entre líneas la información proveniente de los incisos a, b y c, descritos con anterioridad, se logró hacer una idea inicial del sector en estudio. Y con todo esto, se procedió a contestar (con un alto grado de deducción) la pregunta: ¿Cuáles son los factores fundamentales del éxito competitivo, las oportunidades y riesgos más importantes del sector industrial de mensajería y paquetería mexicano?

Estructura competitiva del sector industrial de mensajería y paquetería en México

Para analizar la estructura competitiva de la industria de mensajería y paquetería en México, se realizó un mapa de los grupos estratégicos[36] y un estudio de los competidores, que a partir de los cuales se determinaron las estrategias de cada empresa.

Un mapa de grupos estratégicos consiste en aquellas compañías rivales que tienen enfoques y posiciones competitivas similares en el mercado (Porter, 1999). En la figura 2, se aprecia el mapa de los grupos estratégicos, que muestra la relación de precio/rapidez, confiabilidad percibidos vs cobertura geográfica del mercado. En ella destacan UPS con una alta relación precio/beneficio y una cobertura geográfica regional; y por otro lado Estafeta Mexicana con una media relación precio/beneficio y una cobertura geográfica nacional. No es difícil deducir que las estrategias requeridas deben estar encaminadas a mejorar la relación precio/beneficio que ayuden a generar valor al servicio que será percibido por el consumidor.

---

[36]   Se trata de una representación gráfica en dos dimensiones que ayuda a explicar las diferentes estrategias de las empresas dentro de un sector industrial.

Figura 2. Evaluación de las posiciones competitivas de las compañías rivales

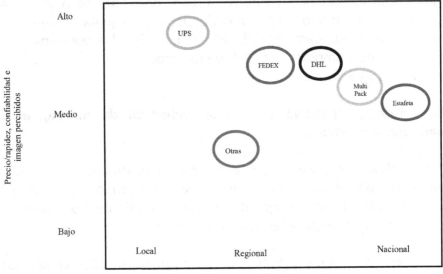

Fuente: elaboración propia.

Para el análisis de los competidores es esencial estudiar las acciones y la conducta de los competidores cercanos. Una compañía no puede vencer a sus rivales sin supervisar sus acciones y predecir los movimientos que probablemente harán. La tabla 4, proporciona un esquema fácil de entender para categorizar los objetivos y las estrategias de los rivales. El análisis de los competidores junto con el mapa de grupos estratégicos es suficiente para diagnosticar la intención competitiva de los rivales y saber cuáles debieran ser las estrategias de cada empresa.

Tabla 4. Objetivos y estrategias de los competidores a nivel nacional

EMPRESA	Amplitud competitiva	Propósito estratégico	Objetivo de participación en el mercado	Posición/Situación competitiva	Actitud estratégica	Estrategia competitiva
Estafeta Mexicana	Nacional	Ser el líder nacional dominante	Mantener la participación actual	Luchando perdiendo terreno	Una combinación de ataque y defensa	Enfoque en un nicho de mercado geográfico general
Multi Pack	Nacional	Ser el líder nacional dominante	Expansión agresiva por alianzas y crecimiento interno	Ser más fuerte sobre la marcha	Principalmente ofensiva	* Buscar la diferenciación con base en variedad y rapidez * Enfoque en un nicho de mercado geográfico general
DHL	Regional-nacional	Estar entre los líderes de la industria	Expansión por crecimiento	Buscar una posición distinta en el mercado	Principalmente ofensiva	Buscar la diferenciación con base en confiabilidad e imagen
UPS	Regional-nacional	Estar entre los líderes de la industria	Sacrificar participación para lograr beneficios a corto plazo (énfasis en la rentabilidad y no en el volumen)	Ser más fuerte	Conservador	* Enfoque de mercado limitado (exportación) * Busca diferenciación con base en: superioridad tecnológica, confiabilidad e imagen
FEDEX	Regional-nacional	Estar entre los líderes de la industria	Expansión por medio de alianzas	Ser más fuerte	Conservador	* Enfoque de mercado general * Busca diferenciación con base en: imagen, rapidez, confiabilidad y superioridad tecnológica
Otros	Local-regional	*Colocarse entre los primeros * Simplemente sobrevivir	Mantener la participación actual	Estacionados y bien atrincherados	Defensiva	* Enfoque en un nicho de mercado limitado * Luchar por el liderazgo a bajo costo

Fuente: elaboración propia.

Las empresas analizadas, no obstante que en su mayoría pertenecen a un corporativo, operan en México como unidades estratégicas de negocios, donde su enfoque es el mercado nacional y como estrategia principal la diferenciación, que dependiendo las características propias de cada una de ellas se enfocan a la superioridad tecnológica, confiabilidad, rapidez, variedad e imagen. Por ejemplo, la empresa UPS no solo hace envíos de paquetes y documentos, sino también se especializa en transportar grandes volúmenes de mercancía vía aérea, de ahí que busque como estrategia de diferenciación además de la imagen, la superioridad tecnológica.

Análisis estructural del sector industrial de mensajería y paquetería en México

Una de las características distintivas del enfoque moderno de planeación estratégica es su orientación externa. En este punto se debe tener una cuidadosa apreciación de las tendencias ambientales que conducen a una comprensión del atractivo de la industria en el que se desempeña el negocio. También, se debe estar alerta a todos los acontecimientos del sector industrial al que pertenece la empresa. Sólo un profundo conocimiento de las características estructurales del sector industrial en estudio, junto con un sólido conocimiento de las acciones de los competidores, pueden generar el pensamiento estratégico de alta calidad requerido para el desarrollo firme a largo plazo de la empresa.

Con el fin de asistir a los estrategas con un análisis global sobre el atractivo de la industria[37], fue utilizada una metodología estructurada que revisa en forma completa cada uno de los factores del modelo de las cinco fuerzas de Porter (1999). Esta metodología ofrece una evaluación general del atractivo de la industria y, finalmente, identifica las oportunidades y amenazas resultantes planteadas por la industria.

Amenaza de ingreso

Existen seis factores principales que actúan como barreras para el ingreso al mercado:

a. Economías de escala: En el sector industrial de mensajería y paquetería en México se presentan economías de escala que se relacionan con el alto volumen de envíos manejados y la amplia cobertura a nivel nacional e internacional. Por lo tanto, el que pretenda ingresar deberá considerar los costos unitarios del servicio.

b. Diferenciación del servicio: Las empresas establecidas tienen una relativa identificación de marca y lealtad con sus clientes (Estafeta y Multipack, principalmente), debido a la presencia histórica y cobertura, lo que hace que sea un punto importante para establecer una nueva organización.

c. Requisitos de capital: Existe la necesidad de invertir grandes recursos financieros para poder competir. Esos ingresos se destinarían en medios de transporte (autos, tráileres y aviones), equipos de tecnologías de información (software y hardware), puntos de venta y centros operativos (a nivel nacional).

d. Costos cambiantes: No existe la presencia de costos por cambiar de proveedor, lo que representa una característica muy común en el sector. Cabe mencionar que existe una gran fidelidad entre proveedor y comprador, la cual se fundamenta

---

[37] Las cinco fuerzas de Porter delimitan los precios, costos y requerimientos de inversión, que son los factores básicos que explican las perspectivas de rentabilidad a largo plazo y el atractivo (escala de atractividad de cada una de las cinco categorías), de un sector industrial.

en los largos periodos haciendo negocios (equipo de cómputo, software y medios de distribución y transporte).

e. Acceso a canales de distribución: Ya que se trata de un sector de servicios, el concepto se puede traducir, primero, en canales de ventas (que se presentan vía puntos de venta y/o Internet) y segundo, en medios de distribución subcontratados o comprados (transporte de carga). En conclusión, sobre este punto, se puede decir que no existen barreras representativas para nuevos ingresos.

f. Política gubernamental: El ingreso de nuevas empresas en todos los sectores industriales se ve limitado por el papel del gobierno, en el aspecto de la gran cantidad de requisitos para abrir cualquier tipo de negocio. En el sector de mensajería y paquetería, el gobierno no limita el acceso a materias primas, ni de ningún tipo de maquinaria y equipo. Las restricciones gubernamentales se derivan de controles sobre normas de contaminación atmosférica, lo que requirió de una mayor inversión para transformar la flotilla a uso de gas natural.

Porter (1999) menciona que las empresas establecidas pueden tener ventajas de costo no igualables por los competidores de nuevo ingreso, independientes de las economías de escala (Porter, 1999). A continuación se detallan los factores críticos:

✓ No existe tecnología de producto y/o servicio patentado, no se mantiene la propiedad de los conocimientos ni procesos en patentes o en secreto.

✓ Se presenta un acceso favorable de cualquier tipo de insumo para la organización, como por ejemplo, materias primas, recursos de capital, fuentes de energía, etc.

✓ La ubicación favorable no es fuente de ventajas competitivas. Los centros operativos y puntos de venta, son ubicados según, la estrategia de distribución de cada empresa.

✓ Para este sector industrial no existen los subsidios gubernamentales, su presencia y permanencia se debe al desarrollo de ellos mismos y a sus relaciones con proveedores.

✓ Algo que cabe mencionar es la curva de aprendizaje. Existe una tendencia de que los costos de operación declinan en tanto las empresas adquieren más experiencia acumulada en el ofrecimiento del servicio. Estafeta, por ejemplo, ha desarrollado trabajadores operativos y de sistemas muy eficientes, lo que ha faltado es la optimización y mejora de los sistemas de logística (administración de inventarios, localización de nuevos centros operativos y distribución).

Un resumen de las amenazas de nuevos ingresos, se muestra en la tabla 5. La segunda y última columnas, se refieren a la escala de atractividad del sector para cada barrera de ingreso, que va de muy poco atractivo a muy atractivo.

Tabla 5. Resumen de las barreras de ingreso

Atractividad del sector		Muy poco atractivo	Poco atractivo	Neutro	Atractivo	Muy atractivo	
Economías de escala	Grande		☐				Pequeña
Diferenciación del servicio	Importante				☐		Escasa
Identificación de marca	Alta			☐			Baja
Costos cambiantes	Alto				☐		Bajo
Acceso a canales de distribución	Restringido				☐		Amplio
Requerimiento de capital	Alto	☐					Bajo
Acceso a última tecnología	Restringido				☐		Amplio
Política gubernamental	Alta				☐		Inexistente
Curva de aprendizaje	Muy importante		☐				Sin importancia
Acceso a materias primas	Restringido					☐	Amplio

Fuente: elaboración propia.

Intensidad de la rivalidad de los competidores

En el sector de mensajería y paquetería nacional no son utilizadas tácticas como la competencia en precios o batallas publicitarias agresivas, es decir, los movimientos de una empresa y sus competidores son independientes. Lo que sí se observa es una cultura de la semejanza, cualquier iniciativa de una, es copiada por el resto de las empresas del sector.

La rivalidad intensa es el resultado de diferentes factores estructurales que interactúan entre sí, como se describe a continuación (ver tabla 6):

a. La cantidad de empresas medianas y grandes en el sector no es numeroso (7 empresas). Alrededor del 60 % del mercado nacional está concentrado en dos empresas (Estafeta Mexicana y Multipack), las cuales tienen un papel coordinador en la industria, mediante el liderazgo en cobertura nacional. Los competidores extranjeros, deben ser tratados igual que los competidores nacionales para propósitos de este análisis.

b. El crecimiento medio en el sector industrial de mensajería y paquetería (11 % en promedio para el 2011) origina que la competencia se convierta en un juego por mayor participación en el mercado para las empresas que buscan expansión (Serviporteo, PMM, Mensajería Especializada, etc.).

c. En el caso de la diferenciación, el servicio se percibe casi sin diferencia, la elección por parte de los compradores está basada principalmente en el precio y servicio, dando por resultado una mediana competencia en ambos rubros (cobertura y rapidez).

d. Los competidores no difieren en estrategias. Sin embargo, son diferentes en personalidades, orígenes y relaciones con sus compañías matrices. Tienen objetivos y estrategias similares, para competir.

e. La rivalidad en el sector industrial es muy volátil, porque algunas empresas tienen interés en lograr el éxito. Lo preocupante es que lo quieren lograr mediante la igualdad en actividades relacionadas con la eficacia operativa, en lugar de estratégica.

Tabla 6. Resumen de la rivalidad de la competencia

Rivalidad de la competencia / Atractividad del sector		Muy poco atractivo	Poco atractivo	Neutro	Atractivo	Muy atractivo	
Número de competidores igualmente equilibrados	Importante				☐		Bajo
Crecimiento de la industria	Lento				☐		Rápido
Características del servicio	Genéricas			☐			Especiales
Aumentos de capacidad	Grandes		☐				Pequeños
Diversidad de competidores	Alta				☐		Baja
Intereses estratégicos	Altos		☐				Bajos

Fuente: elaboración propia.

En la tabla 6, la segunda y última columnas, se refieren a la escala de atractividad del sector para cada aspecto de la rivalidad de la competencia, que va de muy poco atractivo a muy atractivo.

Se pueden visualizar fuertes barreras de salida, las cuales se presentan como factores principalmente económicos y estratégicos (ver tabla 7):

a. Primeramente, se cuenta con activos especializados, que tienen poco valor de liquidación (Hardware, como equipo de impresión, básculas y demás elementos).

b. Se cuenta también con centros operativos, que en algunos casos, están altamente especializados y adaptados a las necesidades propias de cada empresa del sector.

c. Con respecto al punto estratégico, las empresas de mensajería y paquetería están interrelacionadas con otras unidades comerciales y empresas, por ejemplo, alianzas con empresas de aviación comercial, cartón (empaque), papel, hardware, software y automotriz.

d. Al parecer, el gobierno no es una barrera de salida importante. Ya que al menos las políticas públicas que diseña no surten el efecto esperado, ni en el corto ni largo plazo, ocasionando pérdida de empleos y efectos económicos adversos.

Tabla 7. Resumen de las barreras de salida

Barreras de salida \ Atractividad del sector		Muy poco atractivo	Poco atractivo	Neutro	Atractivo	Muy atractivo	
Activos especializados	Altos	☐					Bajos
Costos de salida	Altos	☐					Bajos
Interrelación estratégica	Alta	☐					Baja
Barreras emocionales	Altas		☐				Bajas
Restricciones gubernamentales y sociales	Altas		☐				Bajas

Fuente: elaboración propia.

En la tabla 7, la segunda y última columnas, se refieren a la escala de atractividad del sector para cada aspecto de las barreras de salida, que va de muy poco atractivo a muy atractivo.

El sector industrial de mensajería y paquetería, de acuerdo al análisis realizado, se encuentra con barreras de salida (por los activos) y de ingreso altas (inversiones y cobertura nacional e internacional). El mejor caso, desde el punto de vista de las utilidades del sector industrial, es uno en el cual las barreras de ingreso son altas, pero las barreas de salida son bajas (ver figura 3).

Figura 3. Relación de barreras de ingreso y de salida para Estafeta Mexicana

| | | Barreras de salida | |
		Altas	Bajas
Barreras de ingreso	Bajas	Rendimientos bajos, estables	Rendimientos bajos, riesgosos
	Altas	Rendimientos altos, estables	Rendimientos altos, riesgosos

Fuente: adaptada de Porter (1999).

Presión de productos sustitutos

Una de las principales preocupaciones del sector industrial, es la relación con las empresas que utilizan servicios de mensajería y paquetería para la distribución de sus productos. Dichas empresas pueden llegar a desarrollar sus propios sistemas de logística para la distribución a sus clientes (integración vertical). Esto merece la máxima atención, porque si esta estrategia desarrolla un mejor desempeño y precio a largo plazo, la rentabilidad del sector industrial se vería seriamente afectada (ver tabla 8).

Otra de las preocupaciones es la privatización del sistema nacional de correos, que podría suceder en el mediano plazo. Lo que traería a un competidor de grandes dimensiones, ya que se manejarían sobres de hasta 350 gramos (Correos de México, 2010).

Tabla 8. Resumen de la presión de los productos sustitutos

Atractividad del sector / Servicios Sustitutos		Muy poco atractivo	Poco atractivo	Neutro	Atractivo	Muy atractivo	
Disponibilidad de sustitutos	Importante				☐		Escasa
Costo de cambio del usuario	Bajo		☐				Alto
Rentabilidad y agresividad de servicios sustitutos	Alta					☐	Baja
Precio/valor del servicio sustituto	Alto				☐		Bajo

Fuente: elaboración propia.

En la tabla 8, la segunda y última columnas, se refieren a la escala de atractividad del sector para cada aspecto de los servicios sustitutos, que va de muy poco atractivo a muy atractivo.

Poder negociador de los compradores

Dentro del sector industrial de mensajería y paquetería, se pueden describir las siguientes circunstancias relacionadas con los compradores (ver tabla 9).

a. El comprador está concentrado en el sector industrial aproximadamente un 80% en empresas que requieren un servicio de mensajería y paquetería, lo que hace que su poder sea elevado. Cabe mencionar que la cantidad y variedad de empresas es alta, por lo que la concentración de las ventas no está en unas cuantas empresas, por lo tanto, el poder de los compradores es bajo.

b. No se presenta ninguna presión, por parte de los compradores, para disminuir el precio de los servicios que el sector ofrece. No existe presión para dar condiciones mejores en precio.

c. Los servicios que se compran en el sector industrial son poco diferenciados, por lo que los compradores, seguros de que siempre pueden encontrar proveedores alternativos, tiene la opción de comprar a una u otra compañía.

d. Los compradores plantean una real amenaza de integración hacia atrás, desde el punto de vista del desarrollo propio de sistemas de distribución. Esto atrae una posición para exigir concesiones en cualquier negociación.

e. El servicio del sector industrial es importante para la calidad de los productos o servicios del comprador, esto hace, que los compradores no sean muy sensibles a los precios del sector.

Tabla 9. Resumen del poder negociador de los compradores

Poder de compradores / Atractividad del sector	Muy poco atractivo	Poco atractivo	Neutro	Atractivo	Muy atractivo	
Número de compradores importantes	Escasos				☐	Muchos
Disponibilidad de compradores sustitutos	Alta		☐			Baja
Costo de cambio de los compradores	Bajo			☐		Alto
Amenaza de los compradores de integración hacia atrás	Alta	☐				Baja
Amenaza de la industria de integración hacia delante	Baja	☐				Alta
Contribución a la calidad del servicio a los compradores	Pequeña				☐	Grande

Fuente: elaboración propia.

En la tabla 9, la segunda y última columnas, se refieren a la escala de atractividad del sector para cada aspecto del poder de los competidores, que va de muy poco atractivo a muy atractivo.

Poder negociador de los proveedores

Las características principales del poder negociador de los proveedores, dentro del sector de mensajería y paquetería, se pueden analizar en seguida (ver tabla 10).

a. El grupo de proveedores no está dominado por pocas empresas. Para el sector, existe una gran variedad de opciones de compra.

b. Los proveedores están obligados a competir con otros productos sustitutos en ventas para el sector industrial. Existe un gran número de proveedores de software, hardware, papelería, cajas, etc.

c. Las empresas proveedoras del sector industrial de mensajería y paquetería, no representan un cliente importante, ya que estos venden a diferentes sectores industriales y no forman parte de una fracción importante de sus ventas. En este aspecto no están inclinados a ejercer poder.

d. Los proveedores venden productos que son un insumo importante para el sector industrial (equipo de cómputo, impresoras y etiquetas), lo cual, hace que aumente el poder de los proveedores.

e. Los productos del grupo proveedor no están diferenciados, además, no se requieren costos por cambio de proveedores. Por lo tanto, aumentan las opciones para enfrentar a un proveedor contra otro.

f. En este caso el grupo proveedor no representa una amenaza de integración hacia delante, ya que se requieren grandes inversiones y una curva de aprendizaje avanzada, para poder competir en el sector de mensajería y paquetería.

g. En este sector, el gobierno no representa ni a un comprador, ni a un proveedor. Tampoco influye en la competencia industrial.

Tabla 10. Resumen del poder negociador de los proveedores

Atractividad del sector / Poder de los		Muy poco atractivo	Poco atractivo	Neutro	Atractivo	Muy atractivo	
Número de proveedores importantes	Escasos				☐		Muchos
Disponibilidad de proveedores sustitutos	Baja				☐		Alto
Costo de cambio de los proveedores	Alto					☐	Bajo
Amenaza de los proveedores de integración hacia delante	Alta				☐		Baja
Amenaza de la industria de integración hacia atrás	Baja		☐				Alta
Contribución a la calidad del servicio de los proveedores	Alta		☐				Baja

Fuente: elaboración propia.

En la tabla 10, la segunda y última columnas, se refieren a la escala de atractividad del sector para cada aspecto del poder de los proveedores, que va de muy poco atractivo a muy atractivo.

Conclusiones

Enseguida se presentan las conclusiones en tres apartados principales. Las que derivan propiamente del análisis del sector industrial, los futuros trabajos y consideraciones finales.

Respecto al sector industrial, en la figura 4, se presenta una sinopsis que muestra los principales factores que afectan, o bien, benefician la rentabilidad del conjunto de empresas que forman el sector de mensajería y paquetería, así como el atractivo para cada factor.

El objetivo clave de este análisis es la identificación de los cambios y tendencias significativas entre los elementos externos. Esto, además, permitirá identificar las principales oportunidades y amenazas del sector industrial en estudio.

Figura. 4. Modelo actual de las cinco fuerzas de Porter aplicado en la industria de Mensajería y Paquetería en México

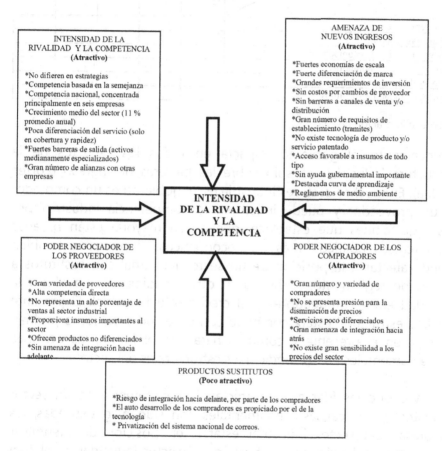

Fuente: Basado en (Porter, 2008b).

En la tabla 11, se puede observar la evaluación general del modelo de las cinco fuerzas de Porter en el sector industrial en estudio. Las barreras de entrada y las de salida son los factores con menor grado de atractividad, a diferencia del resto de los factores, que presentan una evaluación atractiva.

Tabla 11. Evaluación general

Atractividad del sector / Evaluación General	Muy poco atractivo	Poco atractivo	Neutro	Atractivo	Muy atractivo
Barreras de entrada		☐			
Barreras de salida	☐				
Rivalidad entre los competidores				☐	
Poder de los compradores				☐	
Poder de los proveedores				☐	
Disponibilidad de sustitutos				☐	

Fuente: elaboración propia.

Teóricamente, el gobierno impacta en todos los aspectos de la estructura industrial, no sólo sobre las barreras de ingreso (Porter, 2008a). En muchos sectores industriales, el gobierno es un comprador o un proveedor y puede influir en la competencia industrial por las regulaciones que establece, que en su mayoría están basadas en intereses políticos, más que económicos. El gobierno también puede afectar a la posición de un sector industrial con sustitutos a través de reglamentos, subsidios u otros medios, lo que afecta la rivalidad entre competidores y el crecimiento industrial. El presente análisis estructural estará completo con un estudio de cómo podrían afectar, en el presente y cómo lo harán en el futuro, las acciones gubernamentales en las condiciones estructurales del sector.

Una vez que las fuerzas que afectan la competencia en un sector industrial y sus causas fundamentales han sido diagnosticadas, las empresas del sector industrial estarán en posición de identificar sus fuerzas y debilidades en función del sector industrial en el cuál compite. Por ejemplo ¿Cuál es la posición de la empresa en relación a posibles sustitutos? ¿En relación a las barreras de ingreso? ¿Al enfrentarse a la competencia por parte de las empresas establecidas? Una estrategia competitiva comprende una acción ofensiva o defensiva con el fin de crear una posición defensiva contra las cinco fuerzas competitivas, esto comprende varios enfoques posibles, entre los cuales tenemos:

- Posicionamiento de una empresa.
- Influir en el equilibrio de las fuerzas mediante movimientos estratégicos, que mejoren la posición relativa de la empresa.
- Anticipar los cambios en los factores que fundamentan las fuerzas y responder a dichos cambios con rapidez.

La definición del sector industrial es un paso crucial en la formulación de la estrategia competitiva y se ha convertido en tema de debates interminables (Porter, 2008b). Cualquier definición de un sector industrial es esencialmente la elección de dónde trazar la línea entre los competidores establecidos y los productos sustitutos, entre las empresas existentes y las que potencialmente pueden ingresar; entre las dichas empresas, los proveedores y los compradores. El trazo de esta línea tiene poco que ver con la elección de la estrategia, sin embargo, si se reconocen ampliamente estos posibles elementos de competencia, y se evalúa su impacto relativo, entonces en donde se tracen en realidad las líneas resulta más o menos improcedente para la formulación de la estrategia. Sin embargo, la definición de un sector industrial no es la misma que la definición de dónde desea competir la empresa (definición de su negocio).

En relación con los trabajos futuros, a partir del análisis estructural, las empresas del sector industrial pueden determinar la ventaja competitiva a través de la cadena de valor, con la finalidad de buscar la eficiencia operativa que las lleve a utilizar mejor sus recursos.

Industria y mercado son el contexto inmediato de cada empresa. Se habla entonces de industrias y de mercados atractivos. Al formular una estrategia prospectiva, es importante abordar la rivalidad en el mercado, con el fin de visualizar el sistema completo, cuyas fronteras abarcan la industria y el mercado(Warren, 2002). Esto se integra a los trabajos futuros.

El análisis competitivo de la industria es un proceso ordenado que intenta captar los factores estructurales que definen las perspectivas de rentabilidad de una industria a largo plazo. Otro trabajo futuro radica en el análisis financiero.

Finalmente, el objetivo de la estrategia competitiva para una unidad de empresa en un sector industrial es encontrar una posición en dicho sector en la cual pueda defenderse mejor contra estas fuerzas competitivas o pueda inclinarlas a su favor. El análisis estructural es un soporte fundamental, en conjunto con el estudio de los determinantes de la ventaja competitiva nacional, para formular la estrategia competitiva.

Bibliografía

Cerda, J. d. I. (1990). *La administración en desarrollo, problemas y avances de la administración en México.* (Primera ed.). México: ITESO.

Cifuentes, C. L. (1994). *El Nuevo Empresario en México* (Primera ed.). México: Fondo de Cultura Económica.

Correos de México. (2010). Retrieved Noviembre, 2010, en: http://www.sepomex.gob.mx/Paginas/Home.aspx

Departamento de Mercadotecnia. (2010). Reportes de Competencia. *Estafeta Mexicana S.A. de C.V,* 1-12.

Freídman, G. (1986). *La nueva división del trabajo* (Primera ed.). México: Siglo XXI.

Hax, A., & Majluf, N. (1997). *Estrategias para el Liderazgo Competitivo* (Primera ed.). Argentina: Granica.

Hijar, G. (2011). *Planeación Estratégica. La Visión Prospectiva* (Primera ed.). México: Limusa.

Kras, E. (1991). *La administración mexicana en transición* (Primera ed.). México: Iberoamericana.

Ortega, A. (1998). El tiempo es oro, envíos rápidos y seguros. *Revista Mundo Celular, Abril,* 17-23.

Pacheco, A. (1996). Principios sin estrategia. *La Jornada Laboral 68,* 1-2.

Porter, M. (1999). *Estrategia competitiva* (Primera ed.). México.

Porter, M. (2008a). The five competitive forces that shape strategy. *Harvard Business Review Jan*, 1-19.

Porter, M. (2008b). *On Competition* (First ed.). U.S.A.: Harvard Business School Press.

Porter, M. (2011). *Ventaja competitiva* (Primera ed.). México: CECSA.

PROFECO. (2010). Brújula de compra. *PROFECO, Noviembre*, en: www.profeco.gob.mx.

Reyes, A. (2001). Logística: optimización de tiempo y productividad. *Revista ejecutivos de finanzas, Abril*, 36-41.

Rodríguez, N. (1996). Obstáculos para la aplicación práctica de principios y técnicas de aseguramiento de calidad. *Revista UPIICSA-IPN, Sep-Dic*, 37-40

Tovar, G. (1998). Paquetería, mensajería y carga. *Revista Mundo Celular, Noviembre*, 26-30.

Vázquez, R. (1996). Mensajería y paquetería. *Revista Mundo Ejecutivo, Octubre*, 82-86.

Warren, K. (2002). *Competitive Strategy Dynamics* (Primera ed.). Inglaterra: John Wiley & Sons.

World Economic Forum. (2010). *Global Competitiveness*. Paper presented at the The Global Competitiveness Report 2010-2011.

CAPITULO VII
Oportunidades y retos para el desarrollo de videojuegos en México

Mario Alberto García Meza
Profesor
Escuela Superior de Economía
Instituto Politécnico Nacional

Ana Lilia Valderrama Santibáñez
Profesor-Investigador
Escuela Superior de Economía
Instituto Politécnico Nacional
Investigador Nacional-CONACYT (SNI Nivel I)

Introducción

La competitividad empresarial y en especial la relativa a los determinantes de la misma y sus efectos en ciertas regiones a favor de otras ha sido tema central de diversos estudios, desde los trabajos de Adam Smith y David Ricardo en el siglo XVIII, a quienes se les atribuyen los preceptos iniciales que forman el contexto en el que se basa la teoría de las ventajas comparativas hasta la teoría de dotación de factores, en la que bajo el marco neoclásico, Eli Heckscher y Bertil Ohlin teorizan que los países se especializarán en aquellos productos que usen intensivamente el factor de producción que para ellos sea el más abundante.

Sin embargo, la unidad básica de análisis para comprender la competencia es el sector productivo y no el país. Bajo este esquema es necesario hacer uso de un marco teórico diferente que permita tomar en cuenta las características de un sector y de las condiciones del mercado en la región en la que se pretende estudiar. La teoría de las ventajas competitivas de Michael E. Porter (The Competitive Advantage of Nations, 1990) admite dicho punto de partida y establece cuatro determinantes de la competitividad de un sector: Las condiciones de los factores, las condiciones de demanda, los sectores conexos y la estructura y rivalidad.

Para México se ha vuelto de importancia crucial generar mejores condiciones para las industrias de desarrollo en tecnologías de información. Siendo que es un país generador de talento en ingenierías, que gradúa a 130,000 ingenieros y técnicos anualmente –más que Canadá, Alemania o incluso Brasil –permanece como un reto la generación de espacios donde estos se desarrollen y sean capaces de generar propuestas de valor (Booth, 2012). La industria del desarrollo de videojuegos, a pesar de contar con sólo unas cuantas décadas de existir, ya genera ingresos mundiales de 60 mil millones de dólares (Zackariasson & Wilson, The video game industry: formation, present state and future, 2012) y representa para los países una oportunidad de desarrollo que no se debe ignorar. Siendo este el caso, y aterrizando la necesidad de estudiar si esta oportunidad de desarrollo aplica para México, el estudio presente aplica la teoría antes mencionada para evaluar las condiciones del mercado mexicano para el desarrollo de videojuegos, haciendo una revisión de indicadores para cada uno de los determinantes, que provean de un panorama correcto sobre las condiciones en las que México se encuentra para poder aspirar a competir a nivel mundial. Asimismo se realizan observaciones sobre lo que se puede hacer en México para poder hacerse de mayor competitividad en el sector y que a su vez beneficiarían a sectores relacionados.

La hipótesis es que aunque México tiene condiciones difíciles para salir adelante en este mercado, los cambios recientes en la estructura de la industria a nivel mundial como la aparición de alternativas a las consolas de juego tradicionales e.g. smartphones, tablets y Smart TV (Graft, 2012; Zackariasson & Wilson, Paradigm Shifts in the videogame Industry, 2010) y la considerable mejora del estado de los sectores conexos y su fuerte demanda en este sector le pueden permitir a las empresas del país una segunda oportunidad para sacar provecho de las favorables condiciones de demanda que se encuentran en el país.

Para la comprobación de la hipótesis se realiza una revisión bibliográfica y documental en la que se revisan cada uno de los cuatro determinantes de la ventaja competitiva en la industria del desarrollo de videojuegos en México y su evolución a partir de los cambios estructurales que se dan en 2007.

En la sección 2 se comienza con una descripción de la industria repasando sus orígenes y mostrando los cambios que ha sufrido hasta llegar a la estructura actual. La sección 3 exhibe los determinantes de la competitividad de Porter y realiza una revisión del estado en el que cada uno de ellos se encuentra en la industria de desarrollo de videojuegos en México. La sección 3.1 habla de la condición de los factores de producción haciendo énfasis en el factor humano y en la infraestructura. En la sección 3.2 se estudia la demanda haciendo uso de los datos de Google Trends para México y haciendo una comparativa con países líderes en la industria. La inspección de los sectores afines ocupa a la sección 3.3, donde se toman como referencia las áreas de entretenimiento, de ingenierías y el e-commerce. En 3.4 se examina la documentación que genera datos de utilidad para conocer la estructura y rivalidad del sector.

Breve historia y descripción de la industria mundial de los videojuegos

Aunque el desarrollo de videojuegos está íntimamente relacionado con el desarrollo del software, no fue sino hasta 1972 que se empezó el desarrollo de juegos de video como negocio de manera formal y no como un simple entretenimiento por parte de los desarrolladores de software. Fue en este año en el que Nolan Bushnell crea la compañía Atari y junto a Al Alcorn desarrollan Pong, juego icónico de la primera generación de juegos modernos (Kent, 2011) cuyo desarrollo de hardware y software estaba a cargo de la misma empresa. Era la época de las máquinas de Arcade que eran instaladas en lugares semipúblicos como cafeterías y tiendas. Atari fue pionero también del uso de consolas caseras, con el lanzamiento del Atari 2600 en 1977. Esto comenzó una era en la que compañías como Coleco, Mattel, Nintendo y el mismo Atari, además de otras se esforzaban por posicionar su consola de videojuegos en una industria que para 1983 alcanzaría los 3,200 millones de dólares (Kent, 2011). En este escenario, Nintendo aprovecharía el cambio estructural que sufrió la industria para realizar consolas caseras para juegos con calidad similar a la que encontraban los usuarios de Arcade y así tomaría la delantera de la industria (Kotler, Armstrong, Saunders, & Wong, 1999).

A partir de julio de 2008, la industria de los videojuegos tomó un giro radical, a raíz del lanzamiento de la tienda de aplicaciones para iPhone. Tanto esta plataforma como el iPad debieron su éxito, además del diseño de su hardware y sus novedosas características como la pantalla táctil, a sus aplicaciones, que podían ser descargadas de forma gratuita o por unos pocos dólares. Nueve meses más tarde de que Apple abriera la llamada App Store se registró la descarga número mil millones (Isaacson, 2011). Este modelo sería el que más tarde seguiría Google con sus dispositivos Android para conquistar el mercado de videojuegos desde las plataformas móviles, marcando una tendencia que se extendería a las consolas de juego más populares del mercado (Caolli, 2012; Graft, 2012). Estos cambios resultan muy importantes, puesto que el precio promedio de un juego por estos medios es mucho menor que el que se da en la estructura de distribuidores de juegos, comúnmente denominados publishers[38].

El común denominador de los modelos de negocio antes mencionados es que se trata de mercados bilaterales. Esto quiere decir que los desarrolladores de videojuegos son empresas separadas de quienes desarrollan el hardware para una consola, así como su sistema operativo. Esto hace que tanto los desarrolladores como los fabricantes dependan uno del otro al momento de atraer usuarios de la consola (Rochet & Tirole, 2006; Shapiro & Varian, 1999) y eso es lo que explica que al momento del lanzamiento de una consola, las empresas que los fabrican lo hagan a la par de algún juego desarrollado por ellos mismos (*First Party*) que demuestra el potencial de la consola (ya sea en cuanto a capacidad de procesamiento gráfico o interactividad; un ejemplo clásico es el lanzamiento de un juego de la franquicia de Mario o The Legend of Zelda cuando sale

---

[38]   El Publisher en la industria del desarrollo de videojuegos juega un papel fundamental, parecido al que las compañías disqueras juegan en la música. Entre sus funciones más relevantes pueden estar el financiamiento del desarrollo del juego, la distribución, pagos de licencias y de servicios de localización, etc.

al mercado una nueva consola de Nintendo) e incluso algunos publishers importantes apuestan grandes esfuerzos por lograr que las consolas se posicionen, como es el caso de Ubisoft, que ha hecho grandes esfuerzos por apoyar a la consola Wii U de Nintendo en su lanzamiento (Morris, 2012).

En una visión general de la industria, podemos observar que, desde la concepción de la idea hasta la entrega al consumidor final, se encuentran seis etapas en el desarrollo de un videojuego:

Figura 1. Cadena de valor de la industria del videojuego

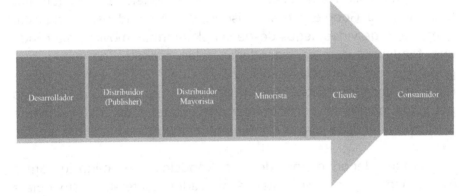

Fuente: Zackariasson y Wilson (2012).

En una forma de distinción clásica de mercadotecnia, el cliente y el consumidor pueden –y en el caso de los videojuegos suelen –no necesariamente ser la misma persona.

Una lectura de este esquema se puede tener en la forma clásica de distribución de un juego AAA[39] desarrollado para una consola. El desarrollador produce el juego, ya sea por encargo de un Publisher o con la intención de que éste sea quien se encargue de su financiamiento, distribución y promoción, dependiendo de los términos con los que este trabaje, el Publisher se encarga de llevar a

---

[39] Se les llama juegos AAA a aquellos que se realizan con altos presupuestos y con altas expectativas en ventas. Generalmente son juegos de franquicias bien establecidas.

las empresas de distribución el juego, que a su vez concentran en las tiendas, ya sea tiendas especializadas en videojuegos u otras tiendas departamentales que contemplen anaqueles especiales para estos productos, los distribuidores mayoristas en ocasiones actúan como una extensión de los mismos publishers, haciéndose cargo de la promoción y publicidad de los juegos. El cliente se hace de los juegos en las tiendas minoristas para su consumo propio o el de alguien más.

Esta estructura se enfrenta actualmente a cambios que van de la mano con el crecimiento de la distribución de juegos por medios electrónicos de manera legal por tiendas virtuales como la mencionada App Store para iOS, Google Play para plataformas con sistema operativo Android y Microsoft Store, que pretende vender en línea aplicaciones hechas para sus sistemas operativos de la línea Windows 8 (i.e. Windows Phone y sistema operativo para computadoras) así como para su consola de videojuegos Xbox. La tendencia se comienza a marcar de manera tal, que la ESRB[40] ha lanzado recientemente un sistema nuevo para realizar la clasificación de los juegos que se distribuyen de manera digital por cualquiera de este tipo de plataformas, iniciando por Xbox Live Arcade, Playstation Network, Paystation Vita, Playstation Certified Devices, Nintendo eShop, Wii Shop y Windows 8 (Graft, 2012).

Determinantes de la ventaja Competitiva

El análisis de Porter toma en cuenta cuatro determinantes de la competitividad (Porter, 1990):

i. Las condiciones de los factores. i.e. la posición de la nación en lo que concierne a mano de obra especializada e infraestructura necesaria para competir en un sector dado. Bajo este enfoque, lo más importante no es tanto la dotación de los factores en términos de cantidad sino de calidad. Los recursos humanos con los que se debe contar en un determinado lugar entonces, deben de estar debidamente

---

[40] Entertainment Software Rating Board, es quien se encarga de otorgar calificación a los juegos para su clasificación por edades de quién lo puede jugar.

capacitados para las labores y la infraestructura debe tener condiciones favorables para el desarrollo de la industria

ii. Las condiciones de la demanda. Nuevamente, la demanda relevante está en términos de calidad, más que de cantidad. Una demanda exigente supone a la región un mercado sofisticado, cuyas expectativas sobre los productos se adelantan al mercado mundial.

iii. Los sectores afines y de apoyo y la estrategia, estructura y rivalidad de la empresa. Se refiere a las condiciones vigentes en la nación respecto a cómo se crean, organizan y gestionan las compañías. Para que una industria se desarrolle y pueda competir a nivel mundial es indispensable que los sectores conexos sean también capaces de participar en un mercado con altas exigencias.

iv. La naturaleza de la rivalidad interior. Una estructura de mercado muy competida y con suficiente rivalidad prepara a las empresas locales a competir en mercados internacionales con las exigencias que esto conlleva.

Condiciones de los Factores de Producción

Recursos Humanos

México produce más de 110,000 ingenieros al año (GameDev mx, 2010, p. 6; Booth, 2012), esto es una cantidad muy superior a las que se gradúan en países como Alemania o Canadá y compite con el número de egresados en Estados Unidos, a pesar de tener una población menor. Esto podría ser un referente para decir que existe la capacidad de desarrollar videojuegos a precios competitivos. Sin embargo, esta actividad incluye además el desarrollo de guiones adaptados a las limitaciones de desarrollo, programación de inteligencia artificial, diseño gráfico interactivo, diseño 3D, animación, musicalización, diseño de personajes y especialistas de todo tipo, dependiendo del género o tema que el juego aborda (Rouse, 2001). Las universidades en México se han quedado atrás en estos temas habiendo solamente dos universidades que ofrecen programas especialmente diseñados para el desarrollo de videojuegos: La Universidad de Artes Digitales y la 3dmx Digital Design University (Instituto de Artes visuales digitales), ambas en el estado de Jalisco

(GameDev mx, 2010, pp. 23-26). La Universidad de Artes Digitales mantiene el registro en RVOE para sus programas de Licenciatura en Animación y en Diseño Digital mientras que la 3dmx tiene de manera oficial la licenciatura en desarrollo integral de videojuegos[41]. Además de estas, otras universidades se han incorporado recientemente, ofreciendo programas relacionados al diseño de artes digitales así como al desarrollo de tecnologías, de las cuales destacan la Universidad Iberoamericana, con la carrera en Diseño Interactivo, la Universidad del Valle de México con Ingeniería en Tecnologías Interactivas para la Animación Digital y el ITESM con su Licenciatura en Animación y Artes Digitales (GameDev mx, 2010, p. 24) en la ciudad de México y Monterrey. También está el SAE Institute en la ciudad de México, con las licenciaturas en programación y diseño de videojuegos, ambas con registro en el RVOE de la SEP y que se suman a sus carreras en animación digital e ingeniería en audio, también relacionadas con el desarrollo de videojuegos. La Universidad de Morelia también ha demostrado recientemente su interés abriendo la Ingeniería en Videojuegos con un programa de 4 años, también incorporada a la SEP y que incluyen preparación en áreas como programación, inteligencia artificial y el uso de motores de juegos[42] para el desarrollo en diferentes plataformas.

Sin embargo, la realidad responde de una manera muy diferente, siendo que tanto en las carreras especializadas a los videojuegos como en las no especializadas podemos encontrar que el campo de trabajo en el que se pueden desarrollar en el país es muy poco, son pocos los estudios de desarrollo de videojuegos y muchos de los existentes no generan las ganancias necesarias para emplear a más personal (GameDev mx, 2010). Sin la experiencia práctica, los conocimientos adquiridos tenderán a desaparecer, y esos profesionistas acabarán desempeñándose en labores diferentes a las que se planteaban inicialmente.

---

[41]   http://www.sirvoes.sep.gob.mx

[42]   Un motor de juegos es el software que se usa para el desarrollo de un juego. Actualmente los existen de distribución libre y de paga. Algunos de los más importantes son Epic, Unity3D Engine y Unreal Development Kit.

Como se pudo ver en párrafos anteriores, el desarrollo de videojuegos es uno de los medios de entretenimiento más completos, pues conjunta esfuerzos de músicos, escritores, programadores e ingenieros con habilidades y conocimientos específicos. Si bien es importante que se sigan generando más programas educativos diseñados para este fin, también es necesario que se abran espacios de trabajo para desarrollar la experiencia que el cada vez más exigente mercado necesita.

Visto desde otro punto de vista, el que los programas educativos relacionados al desarrollo de videojuegos sean generalizados y no específicos obliga a las empresas contratantes a gastar mucho en la capacitación del empleado entrante. Otro reto importante está en que los centros educativos que si tienen programas diseñados específicamente para el desarrollo de videojuegos, han hechos sus programas conforme a lo que ellos consideraron que requería la profesión sin antes consultar a la industria, como nos dice Andro Miralrio, consultor especialista en desarrollo de videojuegos en México en entrevista para gamedots.mx (Villalobos, 2012).

Ambientes de desarrollo e infraestructura de Internet

En la actualidad y desde los cambios en la industria generados desde 2008 con la apertura de tiendas de aplicaciones, se han desarrollado empresas que generan Kits de Desarrollo de Software (SDK por sus siglas en inglés) especializados para videojuegos dentro de los cuales destacan Unreal Development Kit, desarrollado por Epic Games con la cual los desarrolladores pueden hacerse de una infraestructura de desarrollo de manera gratuita para el aprendizaje de desarrollo de juegos para múltiples plataformas con opción a hacerse licenciatario para publicar juegos por una cuota anual[43]. De esta misma manera, Microsoft ha abierto la posibilidad para que los desarrolladores independientes creen juegos para Xbox y más recientemente para Windows Phone mediante su plataforma para desarrollo XNA Game Studio a través de XNA Creators Club[44]. Esto abre a los desarrolladores

---

[43]   http://www.unrealengine.com/udk
[44]   http://create.msdn.com/es-ES

posibilidades para desarrollar de manera independiente, con las ventajas y desventajas que esto proporciona. Sin embargo, para poder aprovechar las ventajas que esto nos brinda, es necesario contar con buena infraestructura de internet. Sin esto, las distribuciones por este medio no garantizarían un aprovechamiento pleno de la demanda mexicana.

Al cierre de abril de 2011, en México había 37.6 millones de usuarios de internet y 42.2 millones de personas con computadora. El 23.3% de los hogares contaban con internet (COFETEL, 2012), esto representa un incremento de 162.36% con respecto a la cobertura en 2004. De igual manera, el número de suscriptores de banda ancha móvil ha aumentado en un 107.3% en el periodo de un año (COFETEL, 2012). Los datos de NewZoo y GobalCollect muestran además que de esta población con internet (estimada en 22 millones de usuarios activos) 16 millones son jugadores activos. De estos se estima que un 58% gasta dinero activamente en juegos (Newzoo BV, 2011).

Aunado a esto hay que agregar que la confianza por parte de consumidores en línea está aumentando gracias a la seriedad y seguridad que ofrecen las empresas vendedoras, así como las opciones de pago que ofrecen los bancos (Palma Rojas & Reina Sosa, 2004).

Condiciones de la Demanda

Este es probablemente el determinante con más fuerza para México. Basta observar las pasiones nacionales para tener una idea de lo que a los mexicanos gusta. Desgraciadamente, no existe mucha información confiable para la estimación de la demanda de videojuegos en México, en parte porque mucho del consumo de juegos que se realiza en el país son juegos piratas (El Universal, 2008), y por lo tanto los datos pueden resultar poco fiables en términos de lo que en realidad representan las ganancias de la industria, que se estiman para México cercanos a los mil doscientos millones de dólares según datos de NewZoo y Global Collect (GameDev, 2011), otras más conservadoras lo ubican con un valor de entre 600 y 800 millones de dólares, convirtiéndolo en el líder de la región latinoamericana, que supone en conjunto entre mil quinientos y dos mil millones de dólares (Lozano Galarza, 2012).

Por esta razón y para poder estimar más que en términos de cantidades en la demanda sino en la calidad de la misma, en este apartado se hará uso de una metodología distinta para la medición de las preferencias. Se tomarán los datos generados por el motor de búsqueda Google para medir el interés de los internautas en los temas relacionados con algunos de los juegos principales del mercado internacional. Los datos se generan en su aplicación web denominada *Google Trends*. En esta plataforma se analiza una porción de las búsquedas mundiales de todos los dominios que maneja Google y se computa el número de búsquedas relativas al número de búsquedas hechas en Google en un periodo de tiempo. Los datos se normalizan y se presentan en una escala del 1 al 100 representando el interés a través del tiempo[45].

Primero se muestra el interés de México de las diferentes consolas. Se usarán datos de 2010 a la actualidad. Se usarán también para este análisis las consolas caseras principales en el mercado, no incluyendo las consolas portátiles. Es evidente que la inclusión de otros dispositivos cuya principal función no sea la ejecución de juegos sólo agregaría confusión al cuadro. Además, se está tomando en cuenta que el consumo en México en juegos de consola aún representan un representativo 37% del consumo total, sumando 455 millones de dólares anuales en 2011 (Newzoo BV, 2011).

En el cuadro podemos observar una clara preferencia en México hacia la consola Xbox de Microsoft sobre la Playstation de Sony y la consola Wii de Nintendo. Esto podría ser explicado porque el Xbox está fabricado para atender al mercado masculino de 18 a 34 años (Schilling, 2006) rango dentro del cual se encuentra la edad media en México[46]. Esto le ofrece ventaja en el país sobre el Wii que está enfocado a un mercado más familiar. La consola de Sony podría explicar su bajo nivel de búsquedas porque su precio es más elevado

---

[45] Todas las gráficas se pueden verificar ya sea insertando en el navegador web la dirección como se muestra con todos sus caracteres o bien realizando la búsqueda directamente en http://www.trends.google.com

[46] La edad media en México es de 26.3 años en estimaciones de 2009 obtenidas a través del motor de búsqueda de Wolfram Alpha: http://www.wolframalpha.com/input/?i=mexico+demographics&lk=4&num=1

que el de las otras dos consolas. Hay que notar que se ha usado como término de búsqueda ps3. Se ha usado este término tras experimentar entre éste y otros términos de búsqueda comunes para la consola como "Playstation".

Figura 2. Interés de búsqueda en México de consolas

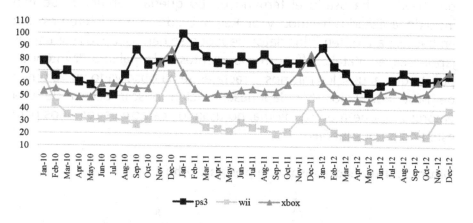

Fuente: Google Insights for Search[47]

Tomando en cuenta el cuadro anterior se ha hecho una revisión del interés de búsqueda en México sobre Xbox con respecto a otros países. Se ha incluido a Estados Unidos, a reino Unido y a Alemania en la muestra. La elección de estos países no es arbitraria. Según datos de Alexa.com, estos son los países (México incluido) que más tráfico generan a la página Xbox.com[48][49].

Los resultados que se muestran en el cuadro muestran que el interés de México sobre la consola Xbox con respecto al total de búsquedas

---

[47]   http://www.google.com/insights/search/?hl=es#q=ps3%2Cwii%2Cxbox&geo=MX&date=1%2F2010%203

[48]   http://www.alexa.com/siteinfo/xbox.com#

[49]   Japón, uno de los consumidores más ávidos de videojuegos, no ha sido incluido en ésta búsqueda específica en primer lugar porque el porcentaje de visitantes a la página Xbox de este país representa un 1.7% ubicándolo en el lugar 12. En segundo lugar, los resultados de búsquedas parecieran ser mucho menores del promedio. Esto se debe en primer lugar a que el uso de caracteres japoneses no coincide con las búsquedas.

tiene un patrón similar al de Estados Unidos y Gran Bretaña. Alemania por su parte, a pesar de que el volumen total de entradas a la página Xbox.com sea similar a México, muestra en total un interés menor por la consola con respecto a sus búsquedas.

Para hacer un comparativo de las búsquedas de México con las de Japón se ha usado el término de búsqueda "Nintendo". Se han incluido a Estados Unidos y al Reino Unido como referentes. Sin embargo, para obtener los datos de Japón se han usado los caracteres japoneses en Katakana[50] correspondientes a la palabra "Nintendo", puesto que al usar los mismos caracteres se ha observado un volumen de búsqueda bajo –Los Japoneses suelen buscar acerca de una empresa Japonesa en su idioma, no usan los caracteres romanos para este tipo de búsquedas.

Figura 3. Interés de búsqueda por país: Xbox

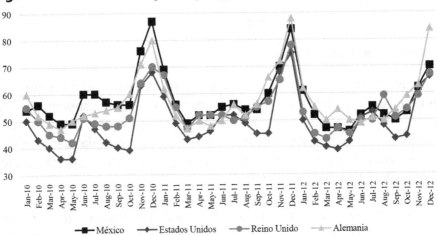

Fuente: Google Insights for Search[51]

---

50   Silabario usado en escritura japonesa, usado para escritura fonética de expresiones extranjeras o de marcas particulares.

51   http://www.google.com/insights/search/?hl=es#q=xbox&geo= MX%2CUS%2CGB%2CDE&date=1%2F20

Figura 4. Interés de búsqueda por país: Nintendo

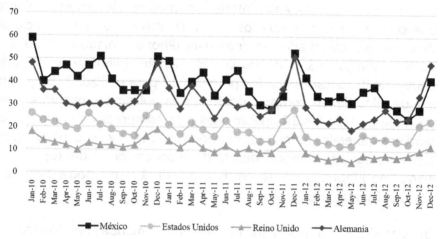

Fuente: Google Insights for Search[52]

Del cuadro anterior se puede notar que el interés relativo a la palabra Nintendo en México es más cercano al de Japón que al que expresan Estados Unidos o Reino Unido. Los países angloparlantes muestran tendencias similares y reaccionan de manera muy parecida a los ciclos estacionales. México en los picos relativos a los periodos navideños muestra un interés incluso mayor de búsqueda de Nintendo que el de Japón. Aunque la explicación de factores culturales está fuera del tema de este estudio, una plausible forma de leer las cifras que expliquen este interés es que, en palabras de Martín Melendez, business manager de Kaxan (Sheffield, 2012): "En México existen muchas personas con vínculos (emocionales) acerca de Nintendo (...) Fue una de las pocas compañías que tuvieron presencia oficial (en México) desde los 90's, así que las personas están muy vinculadas hacia la marca".

---

[52]   Para los datos de Japón:
http://www.google.com/insights/search/?hl=es#q=%E3%83%8B%E3%83%
B3%E3%83%86%E3%83%B3%E3%83%89&date=1%2F2010%2031m&cmpt=q
Para el resto de países:
http://www.google.com/insights/search/?hl=es#q=nintendo&geo
=MX%2CUS%2CGB%2CJP&date=1%2F2010%2031m&cmpt=geo

En general, contrario a la imagen tradicional que se tiene de México, es un país con suficiente interés en medios de entretenimiento, que conoce de ellos y que los busca. Dentro de las 10 aplicaciones de paga más compradas en línea para iPhone a octubre de 2012, 7 de ellas son juegos, 5 de los cuales cuentan además con compras dentro de la aplicación, de los primeros 10 para el iPad, 9 son juegos y 7 de ellos tienen compras dentro de la aplicación, mientras tanto en Android 3 de los 10 aplicaciones más compradas son juegos. En términos generales de entre aplicaciones pagadas y no-pagadas (pero con estrategia de compras dentro de la aplicación) 9 del top 10 son juegos en iPhone, 7 de 10 en iPad y 8 de 10 en Google Play para Android (App Annie, 2012).

En síntesis, el comportamiento de la demanda de México de videojuegos demuestra comportamiento similar al de los países líderes en el mercado: i.e. Estados Unidos o Japón. Se mencionó en la sección 3.1 que México cuenta ya con una base de 16 millones de jugadores, de los cuales 58% gasta dinero en juegos. A pesar de tratarse de pocos jugadores en comparación a los 145 millones de jugadores en los Estados Unidos, un 47% de los jugadores en este país gasta en juegos según los datos de Newzoo (Infographic 2011 - US, 2011; Infographic 2011 - Mexico, 2011). Estos mismos datos muestran que los jugadores Mexicanos promedio son usuarios de 4.8 consolas diferentes de juegos en promedio para cada uno, mientras que los americanos lo son sólo de 3.8, lo cual podría significar una demanda muy sofisticada. De hecho, la distribución de los distintos tipos de plataformas en México parece ser más equilibrada, mientras que en Estados Unidos se distribuye más hacia los juegos sociales como se puede ver en la figura 5.

Figura 5. Jugadores por plataforma (por ciento respecto del total de jugadores)

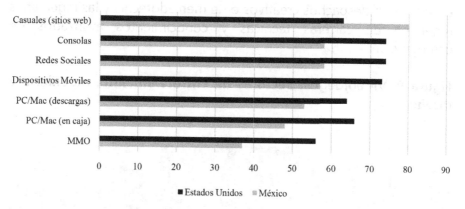

Fuente: NewZoo BV (2011).[53]

Sectores Conexos y de Apoyo

Para que una industria boyante de videojuegos aflore en una región es necesario que los sectores relativos al desarrollo de software, de hardware y de diferentes tipos dentro de la industria del entretenimiento se encuentren en condiciones de competir. El desarrollo de un videojuego requiere de esfuerzos de ingeniería de software, de escritores, músicos, diseñadores, productores, animadores gráficos y distintos tipos de especialistas en distintas áreas, tanto comerciales como auxiliares en el caso de juegos con temas específicos que lo requieren (Rouse, 2001). Todos estos sectores auxiliares deben de ser sólidos para considerarse determinantes del éxito de la industria de los videojuegos.

Para motivos de análisis se dividirán los sectores conexos en tres grandes rubros, así los datos generales podrán arrojar luz sobre los aspectos particulares del desarrollo. La división de los rubros está dada por el tipo de habilidades que se requieren para su implementación, por ejemplo, las habilidades de dirección,

---

[53] MMO es la abreviatura para Massive Multiplayer Online (e.g. World of Warcraft). Los juegos casuales en sitios web excluyen a los que se juegan en redes sociales, que tienen su propio apartado.

producción y guionismo todas pueden se encontradas en industrias de entretenimiento como televisión o radio, las de diseño se pueden encontrar en despachos creativos o de mercadotecnia y las ingenierías requieren de carreras técnicas y conocimientos avanzados de computación.

Figura 6. Videojuegos: Sectores de entretenimiento, ingeniería y diseño

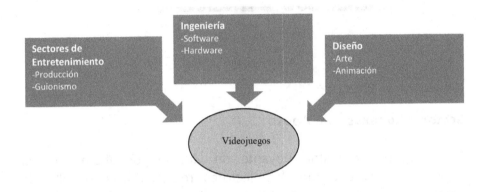

Fuente: elaboración propia.

Sectores de Entretenimiento

La producción de cine y televisión tiene en común con la industria de los videojuegos la necesidad de servicios de producción, guionismo y música. En producción hemos englobado dirección en general así como algunos aspectos técnicos. De hecho la falta de información al respecto obliga al autor a englobar parte de la sección de animación y arte en estas industrias. Así pues, el análisis de la industria del entretenimiento nos puede dar una gran ventaja en conocer el estado de los sectores conexos. Aunque el desarrollo de videojuegos suele tener francas diferencias con la producción de otro tipo de materiales, no es poco común en la industria en general que quienes se dedican a la industria del entretenimiento en animación, guionismo u otras actividades similares, se muden al desarrollo de videojuegos (DevHour, 2012).

En la industria del cine, México es un ávido consumidor, tiene cuotas de mercado crecientes y su infraestructura está en franco crecimiento desde 2007 que se implementa el estímulo fiscal a la producción cinematográfica nacional, instrumento que representa hasta 500 millones de pesos anuales para la industria cinematográfica (IMCINE, 2011).

Según datos del Instituto Mexicano de Cinematografía, las 5,166 salas cinematográficas repartidas en 562 complejos registraron en 2011 205.2 millones de asistencias, cifra que representa 9,755 millones de pesos en ingresos de taquilla, un incremento de 8% de asistencia con respecto al año pasado (IMCINE, 2011).

Aunque las películas de producción Estadounidense aún mantienen una enorme ventaja en cuanto a la cuota de mercado (89.13% de las asistencias fueron a películas americanas, que representan un 90% de los ingresos) la asistencia a cine nacional ha aumentado en un 21% con respecto a 2010. Un 6.76% de las asistencias al cine fue para películas de origen nacional, es decir un 6% de los ingresos. Aunque este aumento de la cuota de mercado sólo representa un 0.7% del total, resulta esperanzador para la industria del entretenimiento en general (IMCINE, 2011). En la sección de condiciones de los factores se habló de la importancia de que existieran espacios para que el personal con las habilidades específicas necesarias para el desarrollo de videojuegos encuentre donde desempeñarse y así incrementar sus destrezas. La interrelación entre los determinantes es evidente en este caso por las causas anteriormente mencionadas.

También el determinante de la demanda es afectado por la industria del cine y otros medios de entretenimiento, ya que si no se encuentran estadísticas significativas sobre los gustos por género de videojuegos, en el cine se puede notar observando la asistencia a los géneros cinematográficos, entre los que destacan Animación con un 25%, Acción con 18%, Comedia y Aventura con 11% y Fantasía y Terror con 8% (IMCINE, 2011). La mayoría de estos géneros se pueden encontrar de igual manera en un videojuego y los guionistas que desarrollan scripts para estos géneros de cine podrían desarrollarse de igual manera en un desarrollo de juegos.

El hecho de que la mayoría de las asistencias al cine sean a películas americanas puede ayudar a deducir que existe una industria de apoyo al desarrollo de videojuegos muy fuerte en México que es la de la traducción y doblaje. Ambos servicios se realizan en el país para satisfacer una demanda de 182.89 millones de asistentes a las salas de cine e incluyen la traducción, subtítulos y doblaje de excelente calidad. Estos servicios pueden resultar indispensables como un sector de apoyo en el que se puede crecer, ofreciéndolos a empresas internacionales de desarrollo para introducirse al mercado latinoamericano.

Ingeniería

Para que un entrante en el negocio de los videojuegos tenga éxito es importante estar a la vanguardia en el desarrollo tecnológico tanto de software como de hardware. El desarrollo de software para una consola implica el conocimiento del hardware en el que se usará, esto para evitar en la medida de lo posible errores de programación (bugs). En cada generación de videojuegos, cada nuevo competidor ofrece al menos tres veces la frecuencia de reloj[54] del sistema más rápido de la generación anterior, como se puede ver en el cuadro 1.

---

[54]   Indica la velocidad del funcionamiento del procesador principal.

Cuadro 1. Avance Tecnológico en cada generación de consolas

	Lanzamiento	Frecuencia de Reloj	RAM	Formato
16-bit				
Sega Genesis	Sep-89	7.6Mhz	128K	Cartucho, CD adjunto
NEC Turbo	Otoño 1989	3.6Mhz	8K	Cartucho, CD adjunto
SNES "Super Nintendo"	Sep-91	3,6Mhz	128K	Cartucho
32/64 bit				
Sega Saturn (32)	May-95	28.6Mhz	2MB	CD-ROM
Sony Playstation	Sep-95	34Mhz	16MB	CD-ROM
Nintendo 64	Sep-96	93.75Mhz	36MB	Cartucho
128-bit				
Sony Playstation2	Mar-00	300Mhz	38MB	CD/DVD
Microsoft Xbox	Nov-01	733Mhz	64MB	CD/DVD
Nintendo GameCube	Nov-01	485Mhz	40MB	CD/DVD
Otros				
iPhone	Junio, 2007	412Mhz	128MB	N/A
iPhone 4S	Octubre, 2011	800Mhz	512MB	N/A

Fuente: (Schilling, 2006).

Lamentablemente, en México no existen empresas que se dediquen al desarrollo de hardware i.e. consolas de videojuegos. Tampoco existen marcas fuertes de plataformas de juego diferentes a las consolas de origen Mexicano, como smartphones, tablets o Smart TV. Sin embargo, en el desarrollo por medio de ambientes de desarrollo independientes, las plataformas suelen otorgar a los desarrolladores las versiones beta[55] de sus actualizaciones de sistemas operativos y de ambientes de desarrollo antes del lanzamiento, para el lanzamiento simultáneo de juego y consola. Por otro lado, en el caso de las consolas con lanzamientos AAA, solamente los grandes licenciatarios tienen acceso previo al hardware antes de su lanzamiento.

---

[55]   Fase del desarrollo considerada como una "primera versión completa", que es posible sea inestable pero útil

E-commerce

Para que México sea capaz de hacer provecho de los cambios que han mencionado anteriormente en la industria, es de suma importancia que los sectores referentes al comercio electrónico muestren evidencia de mejoría. Un indicador importante es el crecimiento de la distribución de tarjetas de crédito al corriente con sus pagos, que han aumentado en un 10.4% de 2011 a 2012, pasando de 13.4 a 14.8 tarjetas, según datos de Banco de México (Cable News Network. Turner Broadcasting System, Inc., 2012).

El crecimiento del uso de tarjetas de crédito permite a los desarrolladores de software para entretenimiento tener seguridad de que podrán crear juegos cuyo eje central del diseño creativo sea la cultura latinoamericana, y que los clientes serán capaces de comprar estos juegos por precios que rivalizan con aquellos que ofrece la piratería, por medios de distribución que hacen que el costo marginal sea muy cercano a cero (Shapiro & Varian, 1999). Otra opción que promete generar crecimiento en el comercio electrónico son las transferencias por medio de cuentas bancarias vinculadas al celular[56].

Estrategia, Estructura y Rivalidad

En México el desarrollo de videojuegos como industria es relativamente novedoso. Si bien han existido desde cerca del 2000 intentos tímidos por entrar al mercado, no ha sido hasta fechas recientes y a partir de los cambios estructurales del mercado mencionados anteriormente que se han desarrollado juegos de más alto nivel. Existen registrados 29 estudios dedicados al desarrollo de juegos y hay dos empresas de servicios[57] que incluyen localización de juegos[58]. Sin embargo hay que denotar que estas empresas, aunque

---

[56]   e.g. Banamex espera registrar para abril de 2013 un millón de cuentas con este tipo de tecnología, lo cual permitirá ampliar la gama de servicios que requieren uso de dinero electrónico las 24 horas (Cable News Network. Turner Broadcasting System, Inc, 2012).

[57]   CGBot: http://cgbot.com/ y VoltaicStudios: http://voltaicstudios.com/

[58]   La localización se refiere a la preparación de los juegos para un locale diferente. Entiéndase por locale a un conjunto de parámetros que definen el lenguaje del

ofrecen servicios en México tienen sedes en Seattle y Texas. También existen dos empresas de publicación de juegos. En cierto sentido, la existencia de estas empresas de publicación ya es una gran noticia para México. La calidad de los juegos que sacan al mercado estas empresas está al nivel para competir con desarrollos internacionales. Cabe destacar entre estos desarrollos El Chavo Wii, Taco Master (Kaxan Games) y Lucha Libre AAA, Héroes del Ring (Immersion Mexico).

Para que las empresas Mexicanas compitan entre si, primero es necesario que estén al nivel de los desarrollos internacionales. Para que esto ocurra, es indispensable la presión de los demás determinantes.

Para determinar la estrategia que se debe de tomar si se tiene la intención de invertir en el desarrollo de videojuegos en México se debe tomar en cuenta las observaciones revisadas a lo largo de este trabajo. Por ejemplo, si tomamos en cuenta que como bien de información se trata de un mercado bilateral (Shapiro & Varian, 1999), la elección del medio de desarrollo es crucial para el éxito de la empresa (i.e. la cantidad de usuarios de la plataforma para la que se hace un juego es el máximo nivel de demanda del juego en sí). Sería absurda una simplificación en la que la conveniencia del medio está en función solamente de su tamaño o número de usuarios. Los segmentos de mercado de estos usuarios, su propensión a pagar por un juego y el promedio y forma en la que suelen pagar deben de tomarse en cuenta. Esto por supuesto debe ser empatado con los costos que significan desarrollar para la plataforma que ofrece ese medio. Los desarrolladores tienen a elegir entre consolas especializadas de videojuegos, ordenadores, navegadores web, o dispositivos móviles (tabletas y teléfonos celulares). Cada uno de estos medios tiene diferentes costos de desarrollo, que pueden estar en función de cada uno de los factores de producción. El desarrollo para un teléfono móvil puede ser más sencillo en aspectos gráficos, sea por el tamaño de la pantalla o por que el procesamiento gráfico

---

usuario, su país y preferencias varias que el usuario desea ver en su interfaz de usuario.

del dispositivo así lo requiere, pero el conocimiento específico de aspectos de programación para la manipulación de una pantalla táctil se vuelve indispensable.

Las plataformas[59] pueden o no tener un costo de entrada ya sea en forma de cuota por el uso del ambiente de desarrollo o el pago del derecho de bienes raíces digitales en una tienda de aplicaciones. La existencia de este costo se agrega al costo de desarrollo en función de la dificultad del mismo. La diferencia radica en que mientras que el costo del medio puede ser fijo, el desarrollo presenta economías de escala: El conocimiento de un ambiente de desarrollo obtenido en el periodo t, sirve igualmente para el desarrollo en los periodos {t+1...t+n}. La plataforma de publicación también puede agregar otra barrera a la entrada de participantes al mercado relativa a la calidad del juego, si el juego no cumple con estándares, no puede publicar por ese medio.

La dificultad y el costo del desarrollo no solo afecta de manera interna a la empresa. Se puede decir que estas son las principales variables que inciden en la existencia de competencia directa en el medio. Entre mayores y más complejas sean las barreras de entrada al medio, la presencia en el mismo tiene más garantía de generar ganancias si el medio es lo suficientemente grande.

La creación de juegos para exploradores web es un caso extremo en el que el desarrollo es abierto para todo quien tenga conocimientos básicos de programación de aplicaciones web. Se han creado en recientes años lenguajes de programación como javascript y ruby on rails, diseñados para el desarrollo de aplicaciones web y mejor interactividad de usuario. En cierto modo, se está volviendo cada vez más fácil programar aplicaciones web. Por la misma razón, la oferta de juegos en web se puede esperar muy extensa y con pocas oportunidades para competir. Sin embargo, dentro de este medio se encuentran otros, como las redes sociales. Farmville, de Zynga es un

---

[59]   Se está usando en esta sección la palabra plataforma como una generalización para ambientes en los que se puede jugar, sean consolas, computadoras, exploradores web o dispositivos móviles.

juego que se desarrolló para jugarse dentro de la red social Facebook, en 2010 alcanzó el récord de 90 millones de jugadores activos dentro de la red social, de los cuales casi 30 millones entraban a la granja digital frecuentemente a recoger su cosecha virtual (McGonigal, 2011). En este caso, aunque la plataforma es abierta, los desarrolladores tomaron ventaja al ser pioneros en el desarrollo para la red social, antes de que estuviera saturada.

Del otro extremo está Rock Band, desarrollado para las principales consolas de videojuegos, en ambientes cerrados[60] a publicadores confiables, con licencias de desarrollo cuidadosamente seleccionadas[61]. Rock Band logró obtener más de mil millones de dólares en ventas en su primer año (McGonigal, 2011).

Conclusiones

Durante las páginas que conformaron este capítulo pudimos observar los avances en los determinantes de competitividad en materia de videojuegos en México. La disponibilidad de recursos humanos de calidad tiene aún retos que cumplir, pero claramente se ven intenciones del sector educativo principalmente de iniciativa privada de generar egresados especialistas para esta industria aún naciente en el país. De igual manera pudimos notar mejorías en la disponibilidad de herramientas para el desarrollo. La demanda de videojuegos en México muestra indicios de estar al nivel de los países líderes, con jugadores sofisticados que muestran igual o mayor interés en las consolas de elección y mayor diversificación en el uso de plataformas para jugar. Los sectores afines de entretenimiento han luchado por sobrevivir y ahora tienen también una nueva oportunidad para desarrollarse. En suma se enlistan las conclusiones:

1. Es necesario que se impulse más la educación técnica enfocada al desarrollo creativo, a menos que se desee

---

[60] Eso como se menciona en apartados anteriores muestra signos de gradualmente estar cambiando ligeramente.

[61] Un ejemplo se puede ver con la lista de licenciatarios de Nintendo, en: http://www.nintendo.com/corp/licensees_third.jsp

mantener a las empresas mexicanas de desarrollo de videojuegos al nivel de maquila de programación y facilitadoras de otros servicios de software para la industria.

2. Se ha visto franco crecimiento en la infraestructura para el comercio electrónico, lo cual favorece a las empresas de desarrollo que aprovechan estos medios para competir.

3. La piratería afecta al desarrollo de la industria en el país. Por lo tanto es importante que las empresas que se dedican al desarrollo se aseguren de entrar al mercado por medios alternativos de distribución, como las tiendas de aplicaciones o bien, adoptar estrategias free to play.

4. México muestra un interés relativo hacia videojuegos similar al de los países más demandantes como Estados Unidos y Japón.

5. La industria del cine es referente de varios de los aspectos del desarrollo de juegos. La debilidad de este sector se debe en parte a las debilidades del cine. El crecimiento que muestra en los últimos años podría impactar de manera positiva al desarrollo de videojuegos.

6. La causa de las limitaciones al acceso de hardware previo al lanzamiento para la realización de pruebas tiene origen en el tamaño de las empresas de desarrollo Mexicanas.

7. México puede hacer uso de su ventaja comparativa en personal capacitado para la traducción para la realización de trabajos de localización.

8. Lo joven del mercado en México no permite que sea una estructura de rivalidad

9. La estrategia de la empresa de desarrollo de videojuegos está en función del costo total de producción, del tamaño del medio de desarrollo y de la propensión del cliente a pagar en ese medio, así como otras variables como el precio. El costo de desarrollo depende a su vez de costos de desarrollo en el medio y de su dificultad.

Por todo esto se determina que las determinantes de la ventaja competitiva en México para el desarrollo de videojuegos están incompletos y aún no se está listo en México para la competencia a nivel internacional en el mercado. Sin embargo, del presente análisis se pueden encontrar varias medidas posibles a tomar para mejorar las determinantes para un futuro.

Recomendaciones

Es indispensable que las universidades generen programas con mayor enfoque en el desarrollo de videojuegos. El diseño de los programas actuales está generalizados, lo cual ocasiona que las empresas deban gastar mucho en cada empleado que contratan para capacitarlo a las labores específicas del desarrollo. Los estímulos fiscales a los contratantes del sector serían una excelente forma de romper este círculo vicioso.

El combate a la piratería es estratégico para el crecimiento de la industria, tanto para garantizar la seguridad en la distribución como para mejorar la base estadística de la demanda de material audiovisual en el país.

El apoyo a industrias relacionadas como el cine genera externalidades positivas a la industria de los videojuegos y debe de mantenerse el apoyo justificado en el incremento del capital humano. Podría argumentarse también que la confianza del público mexicano al material audiovisual de origen nacional también es afectada de manera positiva por la exposición de material de calidad de otros medios como el cine y televisión, lo cual afecta la demanda y este tema debería ser estudiado para comprobarse.

Para incrementar las ventajas competitivas de México en el desarrollo de videojuegos, es estratégico incrementar los determinantes haciendo uso de las ventajas comparativas actuales. Las áreas en las que México tiene ventajas de este tipo deben ser estudiadas y determinar su factibilidad.

Bibliografía

Cable News Network. Turner Broadcasting System, Inc. (19 de Abr de 2012). *CNN Expansión*. Recuperado el 28 de Oct de 2012, de Telcel y Banamex 'crean' e-dinero: http://www.cnnexpansion.com/mi-dinero/2012/04/18/presentan-aliado-para-pagos-con-celular

Cable News Network. Turner Broadcasting System, Inc. (17 de Ago de 2012). *CNN Expansión*. Recuperado el 28 de Oct de 2012, de

Tarjetas de Crédito Aumentan en México - Economía - CNNExpansion. com: http://www.cnnexpansion.com/economia/2012/08/17/ tarjetas-de-credito-aumentan-en-mexico

Caolli, E. (13 de Sep de 2012). *Wii U joins the battle to be your living room's entertainment box.* Recuperado el 3 de Nov de 2012, de Gamasutra, en:

http://www.gamasutra.com/view/news/177664/Wii_U_joins_ the_battle_to_be_your_living_rooms_entertainment_box.php#. UJVVMoUoj2c

Lozano Galarza, H. (2012). *Newsweek en Español.* Recuperado el 9 de Oct de 2012, de La Industria de los videojuegos en América Latina | Mundo: http://newsweek.mx/index.php/Mundo/la-industria-de-los-videojuegos-en-america-latina.html

COFETEL. (26 de Marzo de 2012). *portaldedesarrollo.com.* Recuperado el 12 de Agosto de 2012, de portaldedesarrollo.com: http://cft. portaldesarrollo.com/2012/08/en-mexico-42-4-millones-usan-computadora-y-37-6-millones-utilizan-internet-comunicado-conjunto-inegi-cofetel/

COFETEL. (26 de Marzo de 2012). *portaldedesarrollo.com.* Recuperado el 12 de Agosto de 2012, de http://cft.portaldesarrollo.com/2012/05/ crecio-11-9-sector-telecomunicaciones-en-el-primer-trimestre-de-2012-comunicado-212012/

Schilling, M. A. (2006). Game Not Over: Competitive Dynamics in the Video Game Industry. En J. Lampel, J. Shamsie, & T. K. Lant (Edits.), *The business of culture: strategic perspectives on entertainment and media* (págs. 75-104). Mahwah, New Jersey, USA: Lawrence Erlbaum Associates, Inc., Publishers.

Shapiro, C., & Varian, H. R. (1999). *Information Rules: A strategic Guide to the network economy.* Boston, Massachusetts, USA: Library of Congress Cataloging in-publication Data.

Sheffield, B. (17 de Oct de 2012). *Gamasutra*. Recuperado el 28 de Oct de 2012, de Building from scratch: Mexican developer Kaxan bids for the big timem en:

http://www.gamasutra.com/view/news/179507/Building_from_scratch_Mexican_developer_Kaxan_bids_for_the_big_time.php#.UI3WYoVbPaM

Villalobos, D. (14 de Sept de 2012). *Desarrollo de videojuegos en México: ¿Dónde estamos?* Recuperado el 4 de Nov de 2012, de Gamedots.mx: http://www.gamedots.mx/desarrollo-de-videojuegos-en-mexico-donde-estamos

Zackariasson, P., & Wilson, T. L. (Edits.). (2012). *The video game industry: formation, present state and future* (1 ed.). New York, NY, US: Routledge.

Zackariasson, P., & Wilson, T. L. (2012). Marketing of Videogames. En P. Zachariasson, & T. L. Wilson (Edits.), *The Video Game Industry: Formation, Present State and Future* (págs. 1526-1969 (kindle pos)). New York, NY, USA: Routledge.

Zackariasson, P., & Wilson, T. L. (2010). Paradigm Shifts in the videogame Industry. *Competitiveness Review: An International Business Journal Incorporating Journal of Global Competitiveness, 20* (2), 139-151.

The NPD Group Inc. (2005). *Market Research | Consumer Market Research - NPD*. (T. N. Inc, Productor) Recuperado el 10 de Mayo de 2012, de http://www.npd.com/dynamic/releases/press_060117.html

App Annie. (27 de Oct de 2012). *App Annie*. Recuperado el 28 de Oct de 2012, de App Store Data - Mexico - Overall: http://www.appannie.com/top/ipad/mexico/overall/?date=2012-10-27

Booth, W. (28 de Oct de 2012). *Mexico is now a top producer of engineers, but where are jobs?* Recuperado el 3 de Nov de 2012, de The Washington Post: http://www.washingtonpost.com/world/the_americas/mexico-is-now-a-top-producer-of-engineers-but-where-are-jobs/2012/10/28/902db93a-1e47-11e2-8817-41b9a7aaabc7_story.html

DevHour. (8 de Oct de 2012). *Narrativa en Videojuegos.* Recuperado el 4 de Nov de 2012, de DevHour.mx Foro de profesionales del videojuego en Livestream: http://new.livestream.com/accounts/1597805/events/1589844/videos/4750788

El Universal. (10 de Marzo de 2008). *El Universal - Computación.* Recuperado el 28 de Octubre de 2012, de Videojuegos, Industria Millonaria: http://www.eluniversal.com.mx/articulos/45995.html

GameDev mx. (2010). *GameDev mx Reporte 2010.* México DF: GameDev mx.

GameDev. (2011). *Reporte 2011.* GameDevMx, México D.F.

Graft, K. (24 de Oct de 2012). *News - ESRB offers an easier way to get a rating for your digital games.* Recuperado el 28 de Oct de 2012, de Gamasutra: http://www.gamasutra.com/view/news/180011/ESRB_offers_an_easier_way_to_get_a_rating_for_your_digital_games.php#.UI25oYVbPaM

Isaacson, W. (2011). *Steve Jobs.* (S. &. Schuster, Ed.) New York, USA.

IMCINE. (2011). *Anuario estadístico de cine mexicano 2011.* Instituto Mexicano de Cinematografía, Área de Investigación Estratégica, Análisis y Prospectiva. México D.F.: Instituto Mexicano de Cinematografía.

Kent, S. L. (2011). *The ultimate history of video games: From Pong to Pokemon and beyond. The story behind the craze that touched our lives and changed the world.* New York: Three Rivers Press.

Kotler, P., Armstrong, G., Saunders, J., & Wong, V. (1999). *Principles of Marketing.* (I. Stoneham, Ed.) New Jersey, NJ, USA.

McGonigal, J. (2011). *Reality is Broken: why games make us better and how they can change the world* (1era ed.). New York, New York, USA: The Penguin Press.

Morris, C. (30 de Oct de 2012). *Betting big on Wii U, Ubisoft hopes people understand the console*. Recuperado el 3 de Nov de 2012, de Gamasutra, en:

http://www.gamasutra.com/view/news/180410/Betting_big_on_Wii_U_Ubisoft_hopes_people_understand_the_console.php#.UJVWd4Uoj2c

NewZoo BV. (12 de Jun de 2011). *Infographic 2011 - US*. Recuperado el 04 de Nov de 2012, de

Newzoo: http://www.newzoo.com/infographics/infographic-2011-us/

Newzoo BV. (6 de Jun de 2011). *Infographic 2011 - Mexico*. Recuperado el 4 de Nov de 2012, de Newzoo: http://www.newzoo.com/infographics/infographic-2011-mexico/

Palma Rojas, P., & Reina Sosa, F. (2004). Los negocios electrónicos en México. En A. Bazarte Martinez, *Temas selectos de Economía en el Tercer Milenio* (págs. 113-138). México DF, México: Instituto Politécnico Nacional.

Porter, M. E. (1990). *The Competitive Advantage of Nations* (1 ed.). New York, NY, USA: The Free Press.

Rochet, J.-C., & Tirole, J. (2006). Two-Sided Markets: A Progress Report. *The RAND Journal of Economics, 37* (3), 645-667.

Rouse, R. (2001). *Game Design: Theory & Practice*. Plano, Texas, US: Wordware Publishing, Inc.

Acerca de los Autores

Ana Lilia Valderrama Santibáñez.
Licenciada en economía por la Universidad Autónoma Metropolitana-Xochimilco. Maestra en economía por el Centro de Investigación y Docencia Económicas, A.C. y en técnicas sistémicas por el Centro Ericksoniano de México, A.C. Doctora en ciencias económicas por el Instituto Politécnico Nacional. Actualmente es profesora en la sección de estudios de posgrado e investigación de la escuela superior de economía del Instituto Politécnico Nacional y del Instituto Nacional de Administración Pública, A.C. Miembro del Sistema Nacional de Investigadores nivel I (SNI-I).

Omar Neme Castillo.
Licenciado en economía por la Universidad Autónoma Metropolitana-Xochimilco. Maestro en negocios internacionales por la Universidad Nacional Autónoma de México. Doctor en ciencias económicas por el Instituto Politécnico Nacional. Actualmente es profesor en la sección de estudios de posgrado e investigación de la escuela superior de economía del Instituto Politécnico Nacional y de la facultad de ciencias políticas y sociales de la Universidad Nacional Autónoma de México. Miembro del Sistema Nacional de Investigadores nivel I (SNI-I).

Humberto Ríos Bolívar.
Licenciado en Matemáticas por la Universidad Autónoma Juárez del Estado de Durango. Maestro en Economía por el Centro de Investigación y Docencia Económicas, A.C. Doctor en ciencias económicas por el Instituto Politécnico Nacional. Actualmente es profesor en la sección de estudios de posgrado e investigación de la escuela superior de economía del Instituto Politécnico Nacional. Miembro del Sistema Nacional de Investigadores nivel I (SNI-III).

Printed in the United States
By Bookmasters